EINFACH EIN BUCH VERÖFFENTLICHEN

WIE SIE OPTIMAL IN DEN BUCHMARKT STARTEN

DR. BIRGIT CONSTANT

tinctaculum

Aktualisierte, 2. Auflage

www.birgitconstant.de

Coverdesign: Lektorat Wortfischerei (Isabell Bayer) unter der Verwendung von Adobe Stock Medien

Verlagslabel: tinctaculum

ISBN Softcover: 978-3-347-95394-9

Druck und Distribution im Auftrag der Autorin:

tredition GmbH, An der Strusbek 10, 22926 Ahrensburg, Germany

INHALT

VORWORT

Dieser Ratgeber richtet sich an Sie, wenn Sie Ihre erste Buchveröffentlichung planen oder gerade hinter sich haben und mit dem Schreiben Geld verdienen wollen. Hier erhalten Sie einen grundlegenden Leitfaden für Ihre Schreibkarriere und erfahren, was Sie alles tun können, sollten und müssen, um Erfolg am Buchmarkt zu haben. Dazu tauchen Sie in folgende vier Bereiche ein:

1. Schreibtechnik
2. Marketing
3. Veröffentlichen
4. Rechtliches und Verwaltung

Anhand vieler Aufgaben setzen Sie das Gelernte direkt und auf Sie und Ihr Buch zugeschnitten um, so dass Sie zum Schluss wissen:

- wie Sie effizienter schreiben und Ihr Manuskript für eine Veröffentlichung optimal vorbereiten,
- wie Sie aus Weiterbildungsangeboten, Tools für Autoren sowie Veröffentlichungs- und Marketing-Möglichkeiten das Passende für sich auswählen,
- wie Sie Ihre Autorenplattform einfach, DSGVO-konform und sicher einrichten, ohne die Kontrolle über Inhalte an Fremdkonzerne abzugeben,
- welche rechtlichen, versicherungs- und steuertechnischen Formalitäten Sie dabei beachten müssen und wie Sie das tun (keine Rechtsberatung).

Wahrscheinlich fallen Ihnen beim Lesen und Durcharbeiten weitere Fragen ein, die im Text nicht oder nicht ausreichend geklärt werden. Um mich nicht in Einzelheiten zu verlieren oder das Rad neu zu erfinden, verweise ich an solchen Stellen auf weiterführendes Material, mit dem Sie gezielt das Wissen in einzelnen Bereichen vertiefen können, etwa durch detailliertere Schreibanleitungen für Buchbegleittexte, das Entwerfen ausgeklügelter Buchmarketingstrategien oder Suchmaschinenoptimierung für Websites. Eine Liste aller in diesem Arbeitsbuch angesprochenen Links sowie weiteren Informationen finden Sie auf der Webseite zum Buch auf www.birgitconstant.de.

Dieses Buch ist Ihre Startbahn ins Autorenleben. Werfen Sie die Motoren an und fliegen Sie los!

Tipp: Um eine optimale Wirkung zu erzielen, sollten Sie die obigen Themenfelder, insbesondere Marketing und Veröffentlichen, in der vorgegebenen Reihenfolge durcharbeiten. Ein Buch, dessen Autor man bereits kennt oder über das man bereits an verschiedenen Stellen gehört bzw. gelesen hat, verkauft sich besser, als eines, das still und leise veröffentlicht wird.

TEIL I

SCHREIBTECHNIK

EINLEITUNG

In diesem Bereich geht es darum, wie Sie Ihren Schreiballtag durch gewisse Kniffe und Hilfsmittel (Software) produktiver und effizienter gestalten. Neben dem Ausnutzen möglicher Leerlaufzeiten lässt sich der Autorenalltag zusätzlich in folgenden vier Schreibsituationen optimieren: Starten, Wiederaufnehmen, Vorwärtskommen, Abschließen. Des Weiteren stelle ich Ihnen verschiedene Möglichkeiten der Weiterbildung (Bücher, Podcasts, Kurse) vor und wie Sie das Richtige für sich finden.

Achtung: An einigen Stellen erwähne ich den Einsatz von KI-Tools, weil die Nutzung künstlicher Intelligenz in Wort, Ton und Bild immer weiter zunimmt. Ob Sie es mögen oder nicht, bleibt Ihnen überlassen. Behalten Sie beim Verwenden von KI-Tools jedoch immer die rechtlichen Fragen im Hinterkopf, die trotz Bemühungen des

Netzwerks für Autorenrechte (NAR) und der EU weiterhin nicht vollständig geklärt sind.

1

KREATIVER SCHREIBEN: OPTIMIERUNG DES SCHREIBALLTAGS

Dieser Abschnitt gilt insbesondere für alle, die an ihrem Debüt schreiben. Wenn Sie Ihr Buch bereits veröffentlicht haben, springen Sie zu Abschnitt **Besser schreiben: Weiterbildung für Autoren** weiter unten.

Bevor wir uns mit dem eigentlichen Schreibprozess befassen, der Sie von der Idee zum fertigen Text bringt, möchte ich einige Tipps geben, die Ihnen das Schreiben insgesamt erleichtern sollen.

Das wahrscheinlich größte Problem für nebenberufliches Schreiben ist immer: Wie finde ich Zeit zum Schreiben? Job, Haushalt, Familie, Zeit für Sport und Entspannung, zwischendurch noch Essen und Schlafen – wie soll da noch ein Roman quasi nebenher entstehen?

So ein Schreibprojekt kann einschüchtern. Schreib- und Marketing-Coach Annika Bühnemann hat einen guten Vorschlag, wie man größere Schreibberge leichtfüßig und unbeschwert erklimmen kann, und zwar folgendermaßen:

Nehmen wir an, ein durchschnittlicher Roman hat 300 Seiten, die etwa 75.000 Wörtern entsprechen. Natürlich variiert die Seitenzahl von Genre zu Genre, aber bleiben wir zur Illustration bei diesem Wert. Passen Sie die Rechnung einfach an Ihr ausgewähltes Genre an.

Falsch: „Oh mein Gott! 300 Seiten! Das schaffe ich nie! Da sitze ich ja Jahre dran, wenn ich jeden Tag nur eine Stunde schreiben kann."

Richtig: „75.000 Wörter? Wenn ich mir jeden Tag eine Stunde nehme und 500 Wörter, also nicht einmal zwei Seiten, schreibe, dann habe ich in 150 Tagen den kompletten Roman geschrieben. Das sind gerade mal fünf Monate!"

Natürlich haben Sie danach noch kein veröffentlichungsreifes Manuskript vorliegen, aber Sie sehen, wie wenig Zeit man braucht, um zumindest einen ersten Entwurf aufs virtuelle Papier zu bekommen. Wenn Sie etwas weniger Wörter in der Stunde schaffen, brauchen Sie natürlich ein wenig länger, aber auch das wird sich im überschaubaren Rahmen halten. Jetzt überlegen Sie nur, wie schnell Sie fertig sein können, wenn Sie ab und zu oder sogar regelmäßig eine Stunde mehr schreiben können oder pro Stunde mehr Wörter schaffen!

Laotse sagt: Auch eine Reise von 1000 Meilen beginnt mit dem ersten Schritt. Also: Denken Sie in ganz kleinen Schritten!

Aufgabe: Vielleicht wissen Sie aus vorigen Texten (Kurzgeschichten, Blogbeiträge oder Ähnliches), wie viele Wörter Sie pro Stunde schreiben. Ansonsten setzen Sie sich bei Ihrem aktuellen Projekt eine Zeit und zählen anschließend, wie viele Wörter Sie in dieser Zeit geschafft haben. Schauen Sie sich dann die ungefähre Gesamtwortzahl des Projekts an. Legen Sie einen Zeitraum fest, in der Sie den ersten Entwurf fertig haben wollen, und berechnen Sie dann, wie viel Sie täglich oder wöchentlich schreiben müssen, um Ihr Ziel zu erreichen. Setzen Sie sich dann ein Schreibziel: Jeden Tag X Wörter/Seiten schreiben.

NUTZEN SIE JEDE GELEGENHEIT ZUM SCHREIBEN!

Und wenn ich sage „jede“, dann meine ich auch wirklich jede Gelegenheit, auch nachts oder in Situationen, die Sie normalerweise nicht fürs Schreiben einplanen würden. Gerade wenn Ihr Alltag bis auf die Minute durchgetaktet ist, werden Sie dankbar sein für jede Möglichkeit, an der Sie an Ihrem Text weiterarbeiten können, und sei es auch nur, um eine Figur zu skizzieren, den Ablauf einer Szene zu notieren oder Fallen für Ihren Protagonisten zu entwerfen.

Wenn ich beispielsweise in der Entwurf- und Schreibphase bin, habe ich immer Notizblock und Stift neben meinem Bett liegen, um nächtliche Geistesblitze und Formulierungen sofort aufzuschreiben. Auch für unterwegs sind Stift und Block ständige Begleiter, die beim Warten auf Busse oder in Sprechzimmern gute Dienste leisten. Auch Smartphones oder Tablets sind in solchen Situationen ideal zum Tippen, Aufsprechen oder Recherchieren. Manche haben ohnehin immer ihren Laptop dabei, auf dem sie gleich den ganzen Roman schreiben.

Solche kleinen Extraschreibminuten und Gedankenfetzen summieren sich auf Dauer ganz schnell auf ein ansehnliches Stück Text, das Sie Ihrem Gesamtziel näherbringt. Wenn Sie auf diese Weise nur 70 Wörter extra jeden Tag sammeln, also etwa zehn Sätze, schaffen Sie in einer Woche dadurch fast 500 Wörter zusätzlich. So wächst Ihr Manuskript jeden Monat um weitere acht Seiten.

Obwohl Ihre oberste Priorität nun darauf liegen sollte, Ihren Text zügig aufzuschreiben, empfehle ich Ihnen, nebenbei ein Auge auf interessante Ausschreibungen und Schreibwettbewerbe zu halten. Es tauchen immer mal wieder Aufrufe auf, deren Themen oder Preise für Sie interessant sein könnten und die Sie nicht verpassen sollten, und zwar aus drei Gründen:

- Solche Wettbewerbe bieten Abwechslung für Sie, bei der Sie Schreiberfahrung sammeln und sich in einem anderen Genre ausprobieren können, beispielsweise mit Kurzgeschichten für Ausschreibungen zu Anthologiebeiträgen.
- Eine erfolgreiche Teilnahme verhilft Ihnen zu mehr Bekanntheit in der Welt des Schreibens und zu einigen Highlights in Ihrer wahrscheinlich noch sehr übersichtlichen Liste von Veröffentlichungen.
- Denken Sie früh genug an die Zeit nach Ihrem aktuellen Text! Natürlich sollen Sie kein neues

Manuskript parallel dazu anfangen, aber eine Liste mit möglichen Ideen oder Figuren kann sehr praktisch sein, wenn das erste Manuskript vor der Überarbeitung ruht oder gänzlich abgeschlossen ist.

Aufgabe: Überlegen Sie, wo Sie in Ihrem Tagesablauf Leerlauf haben, den Sie zum Schreiben nutzen könnten! Wie gesagt, muss es sich bei den Ergebnissen dieser Notizzeiten nicht unbedingt um ausformulierte Sätze handeln, die Sie unverändert in Ihr Manuskript übernehmen können. Sammeln Sie alle Einfälle zu Handlung, Figuren, Konflikten, Szenen oder was auch immer Sie gerade oder später in Ihrem Text brauchen, um weiterschreiben zu können.

STARTEN – VOR DEM SCHREIBEN

Sie haben eine ungefähre Vorstellung davon, wer in Ihrer Geschichte mitspielt und wie die Handlung ablaufen wird. Prima, dann können Sie endlich loslegen, oder? Das kommt darauf an, wie Sie schreiben.

Unter den Schreibenden gibt es nämlich grob gesagt zwei große Fraktionen: die **Planer (Plotter)** und die **Bauchschreiber (Pantser)**. Wie der Name schon sagt planen die Planer erst und schreiben dann; die Bauchschreiber dagegen schreiben direkt los, sehen, wo die Muse sie hinführt, und strukturieren gegebenenfalls im Nachhinein noch um. Natürlich sind die Übergänge fließend: Manchen reicht die grobe Handlungsstruktur, die sie im Kopf haben, andere legen sich eine Liste mit Kapiteln an oder entwerfen bei Bedarf eine Vorlage für den jeweiligen Schreibabschnitt, wieder andere planen jede einzelne Szene vor.

Je erfahrener Sie sind, umso weniger werden Sie wahrscheinlich planen (müssen) und umso schneller fangen Sie mit dem Schreiben an. Andererseits werden Sie auch als Plotter an Stellen kommen, an denen die Inspiration – oder Ihre eigenwillige Figur – Sie führt und nicht Ihr Plan. Nicht zuletzt haben auch die Größe und Komplexität des Projekts sowie Ihr individueller Zeitbedarf Einfluss darauf, ob und wie viel Sie planen müssen. Gerade, wenn Sie beispielsweise nur ab und zu Zeit zum Schreiben haben, werden Sie für eine vorgegebenen Struktur dankbar sein, um den Faden Ihrer Geschichte schnell wieder aufnehmen zu können.

Immer mehr Autoren nutzen mittlerweile auch die Vorschläge einer KI wie ChatGPT, um Figuren oder Handlungsstränge zu entwickeln. Einen ersten Einstieg in das Thema bietet https://www.bookmundo.com/de/buch-schreiben/die-neue-aera-des-schreibens-ki-als-unterstuetzung-fuer-autoren/.

Achtung: Je nachdem, wie sehr Sie KI beim Erstellen Ihrer Bücher nutzen, müssen Sie Ihr Manuskript beim Hochladen auf KDP oder anderen Dienstleistern gegebenenfalls als KI-generiert ausweisen, insbesondere wenn große Teile des Textes oder des Covers durch künstliche Intelligenz erstellt wurden.

Wie plotte ich einen Roman?

Gleich, welche Schreibart Ihnen mehr zusagt – und vielleicht entdecken Sie das erst beim Schreiben –, ich denke, dass gerade bei Schreibanfängern eine genauere Ausarbeitung der Handlung und der Figuren, nicht nur bei knapp bemessener Schreibzeit, empfehlenswert ist. Das hilft nicht nur, den Faden nicht zu verlieren, sondern verhindert auch, dass das Schreiben durch belanglose Szenen und unnötigen Füllstoff auswuchert. Darüber hinaus ermöglicht es ein leichteres Fortsetzen des Schreibens, da ein detaillierter Plan vorliegt, was wann geschieht. Wer aus dem Bauch schreibt, muss schon Vieles verinnerlicht haben, was Handlung, Spannungsaufbau, Figurenentwurf, Genre-Konventionen und Ähnliches betrifft.

Nehmen wir an, Sie wollen einen Roman schreiben; das Genre spielt dabei im Moment keine Rolle. Wie entwickeln Sie nun aus Ihrer Idee ein Arbeitskonzept, mit dem Sie das Grundgerüst Ihres Romans errichten? Dazu gibt es verschiedene Methoden, die sich in ihren **zentralen Bestandteilen** ähneln, nämlich:

- Ausgangssituation
- Konflikt
- Krise
- Auflösung

Der Unterschied liegt in der mehr oder weniger detaillierten Struktur, die die einzelnen Methoden vorgeben. So besteht etwa die **Drei-Akt-Struktur** nur aus drei Teilen:

- Anfang mit auslösendem Konflikt
- Hauptteil mit Zuspitzung und Krise
- Auflösung

Dagegen bietet das **Sieben-Punkte-System** genauere Vorgaben für die Romanstruktur:

- Ausgangssituation
- erste Wendung (Konflikt)
- Reaktionsphase
- zweite Wendung (Bedrohung spitzt sich zu)
- aktive Phase
- Krise (existentielle Bedrohung)
- Auflösung

Noch mehr Struktur erhalten Sie durch die von Randy Ingermanson entwickelte **Schneeflockenmethode**, auf Englisch „The Snowflake Method", bei der Sie mit einem groben, oberflächlichen Ansatz, der Kernidee Ihres Romans, anfangen und dann die einzelnen Bestandteile in zehn Etappen immer weiter ausarbeiten.

Ein weiteres beliebtes Plotmodell, nicht nur in Hollywood, ist die **Heldenreise**, bei der die Hauptfigur in zwölf Schritten mehr oder weniger freiwillig ihre gewohnte Welt verlässt, um dann in einer anderen Welt verschiedenste Bewährungsproben zu bestehen und am Ende als gewandelter Charakter (innerlich gereift, desillusioniert, geläutert, etc.) aus der Geschichte hervorzugehen.

Am besten ist es, sich die verschiedenen Methoden selbst anzuschauen und auszuprobieren, wie viel Vorgabe und Struktur man braucht, um eine Geschichte zu entwickeln und aufzuschreiben.

Aufgabe: Suchen Sie sich eine Methode aus und entwickeln Sie aus Ihrer Idee eine Romanstruktur und, falls nötig oder gewünscht, ein Arbeitskonzept (Kapitelzusammenfassung)!

WIEDERAUFNEHMEN – ZWISCHEN EINZELNEN SCHREIBPHASEN

Ihr Arbeitskonzept steht. Die Struktur Ihrer Geschichte liegt klar vor Ihnen. Sie fangen an zu schreiben und erreichen regelmäßig Ihr tägliches Schreibziel. Doch eines Tages stecken Sie fest. Sie haben keine Ahnung, wie es in der nächsten Szene weitergeht. Was tun?

Zahlreiche Schreibratgeber und Websites für Schreibende geben Ratschläge, um diese sogenannten Schreibblockaden zu überwinden und wieder schnell(er) in den Schreibfluss zu gelangen.

Ein Teil dieser Ratschläge zielt darauf ab, den Kopf wieder frei zu kriegen, um weiterschreiben zu können. Dazu gehören ganz einfache Dinge wie eine Pause machen, rausgehen an die frische Luft, Sport treiben oder mit jemandem darüber sprechen. Der andere Teil von Tipps richtet sich an den inneren Kritiker, der den Schreibfluss womöglich hemmt: einfach weiterschreiben, ohne zu bewerten, mit motivierender Musik und Kopfhörern die Umwelt ausschließen, um sich ganz auf den Text konzentrieren zu können, an etwas anderem (weiter-)schreiben als dem steckengebliebenen Projekt oder vorige Kapitel und Szenen editieren bzw. umschreiben.

Viel besser, als im Schreiben stecken zu bleiben und dann nachträglich Schadensbehebung zu betreiben, ist jedoch, solchen Schreibblockaden vorzubeugen. Dazu möchte ich Ihnen zwei Kniffe vorstellen:

1. Hören Sie mitten in einer Szene auf, anstatt sie bis zum Ende fertigzuschreiben! So können Sie bei der nächsten Sitzung leichter wieder an das Geschehen anknüpfen.
2. Anstatt Kapitel für Kapitel linear hintereinander zu schreiben, springen Sie zwischen Kapiteln oder Szenen hin und her. Dies ist eine Taktik, die ich bei meinem ersten historischen Roman erfolgreich eingesetzt habe. Wenn ich nach der zuletzt geschriebenen Szene nicht weiterkam, habe ich einfach eine spätere Szene geschrieben, von der ich schon wusste, was darin passieren sollte. Wenn ich dann eine Idee für die Fortsetzung der letzten Szene hatte, bin ich wieder zurückgesprungen und habe den Faden dort wiederaufgenommen.

VORWÄRTSKOMMEN – WÄHREND DES SCHREIBENS

Sie schreiben fleißig, und es fällt Ihnen leicht, die Arbeit am nächsten Tag wiederaufzunehmen. Trotzdem kommen Sie manchmal ins Stocken, weil Sie noch über Handlungsdetails oder Formulierungen nachdenken. Probieren Sie Folgendes:

1. Brechen Sie Ihre Romanstruktur im Arbeitskonzept so weit herunter, dass Sie Kapitelzusammenfassungen vorliegen haben, die Sie nur noch mit Details erweitern müssen (siehe oben unter **Starten – Vor dem Schreiben**).
2. Arbeiten Sie an Stellen, bei denen Sie mehr Informationen – etwa historische Details oder Ortsbeschreibungen – brauchen, mit Platzhaltern, beispielsweise #Recherche, die Sie hinterher über die Suchfunktion in einem Rutsch abarbeiten und auffüllen können.

3. Schalten Sie Ihren inneren Kritiker ab! Er wird zu einem späteren Zeitpunkt Gelegenheit haben, Ihren Text auseinanderzunehmen, aber vorher schreiben Sie – und zwar den ganzen Text! Erst danach lassen Sie Ihren inneren Kritiker heraus und korrigieren und überarbeiten.

ABSCHLIESSEN – NACH DEM SCHREIBEN

Sie haben Ihren Text fertig? Hervorragend! Zeit für eine Auszeit! Ja, Sie haben richtig gelesen. Legen Sie den Text weg und widmen Sie sich anderen Dingen, am besten für mindestens eine Woche, manche empfehlen sogar einen ganzen Monat. Wichtig ist, dass Sie Abstand von Ihrem Text bekommen. Nur so können Sie mit frischem Auge und Verstand an die Überarbeitung gehen.

Ist Ihre selbst verordnete Auszeit um, suchen Sie Ihren Text gezielt auf mögliche Schwachstellen ab. Um die Überarbeitung so einfach, aber wirkungsvoll wie möglich zu machen, sollten Sie folgende Hinweise beachten:

1. Widerstehen Sie der Versuchung, alles auf einmal zu korrigieren! Machen Sie mehrere Durchläufe, in denen Sie sich jeweils nur auf den allgemeinen Fluss des Textes, Plotlöcher und Logikfehler, Spannung, Figuren, Dialoge

sowie Rechtschreibung, Grammatik und Stil konzentrieren. Diese letzte, rein sprachliche Überprüfung sollte immer erst zum Schluss erfolgen – siehe Punkt 4.

2. Drucken Sie Ihr Manuskript mit einem schönen breiten Rand für Korrekturen und Notizen aus!
3. Überarbeiten Sie in einem gesonderten Korrekturlauf noch einmal gründlich Ihren Romananfang! Das ist es, was Ihr Literaturagent, Verlagslektor und Leser als erstes lesen und was den Ausschlag geben kann, ob Ihr Text angenommen und gekauft wird.
4. Kümmern Sie sich bei Ihrer ersten Überarbeitung nur am Rande um Tippfehler, Grammatik und unschöne Sätze! Sie werden im Verlauf der verschiedenen Überarbeitungsschritte und spätestens beim Einarbeiten der Rückmeldungen Ihrer Testleser immer wieder Sätze oder Passagen umschreiben, umstellen oder löschen. Heben Sie sich die sprachliche Korrekturarbeit als letzten Schritt auf, bevor Sie sich um die Veröffentlichung Ihres Manuskripts kümmern!
5. Erschrecken Sie sich nicht, wenn Ihr Text nach der Überarbeitung kürzer ist als vorher! Vor allem durch das Löschen überflüssiger Elemente wie Adjektive, Füllwörter, Adverbien oder nutzlose Szenen gewinnt Ihr Text an Kraft und Ausdrucksfähigkeit.

2

BESSER SCHREIBEN: WEITERBILDUNG FÜR AUTOREN

Auch für Autoren gilt: Höre nie auf zu lernen! Da gerade am Anfang der Schreibkarriere die Lernkurve steil ist und man sich schnell in den unzähligen Angeboten verloren fühlen kann, möchte ich einen kurzen Leitfaden zur Orientierung geben.

Starten Sie zunächst mit Ratgebern und Materialien zum Romanschreiben allgemein, beispielsweise zum Aufbau eines Romans, wie man glaubhafte und interessante Figuren entwirft, welche Erzählperspektive man wählt, wie Sie Orte und Personen beschreiben und wie Dialoge aufgebaut sind.

Sie werden sehen, dass im Laufe des Schreibens automatisch weitere Fragen auftauchen, zu denen Sie gezielte, weiterführende Antworten brauchen, beispielsweise wie man Spannung aufbaut oder Personen durch Dialoge charakterisiert.

Achtung: So schön das Suchen nach Antworten in

Büchern und im Internet sein mag, vergessen Sie nicht, dass Sie in erster Linie schreiben müssen, um zu lernen! Nur durch Übung bekommen Sie die Erfahrung, wie Sie gewisse Vorgaben umsetzen.

Tipp: Es gibt viele Schreibtipps und Lernmaterialien, aber am besten kommen Sie immer noch vorwärts, wenn Sie a) viel schreiben und b) viel lesen – und zwar keine Ratgeber, sondern Romane. Lesen Sie mit dem Auge eines Autors und schauen Sie sich die Kniffe und Tricks von den Profis ab. Auch aus schlecht geschriebenen Büchern, die in Rezensionen und Buchbesprechungen nicht so gut wegkommen, können Sie dabei lernen – nämlich wie man es NICHT machen sollte.

Doch zurück zur Theorie, dem Lernen durch Weiterbildung: Hier stehen Sie zunächst vor der Frage, ob Sie in Eigenregie lernen (Selbstlernen) oder ob Sie eine Anleitung bzw. Rückmeldung brauchen. Schauen wir uns die beiden Bereiche einmal an!

SELBSTLERNEN

Egal, ob man Text, Audio oder Video bevorzugt, es ist für jeden etwas dabei:

1. Schreibratgeber, gedruckt oder als E-Book
2. Websites
3. Podcasts
4. YouTube-Kanäle
5. Online-Kurse

Es gibt Klassiker unter den Schreibratgebern, die man überall, wo es ums Schreiben geht, empfohlen bekommt – James N. Frey: *Wie man einen verdammt guten Roman schreibt*, Sol Stein: *Über das Schreiben* oder manchmal auch Stephen Kings Autobiographie: *Das Leben und das Schreiben*. Das sollte Sie aber nicht daran hindern, andere Materialien stattdessen oder zusätzlich zur Hand zu nehmen. Vor allem sollten Sie sich aus dem Angebot das heraussuchen, was am besten zu Ihrem eigenen Lebensstil passt.

Als abendliche Bettlektüre bevorzuge ich beispielsweise Schreibratgeber in Buchform. Beim Bügeln oder Joggen leisten mir Podcasts Gesellschaft. Für gezielte Problemlösungen besuche ich Websites oder Online-Schreibkurse. Und wenn mir in meinem einsamen Autorenstübchen die Decke auf den Kopf fällt, halte ich nach Gruppenschreibkursen offline Ausschau. So kann ich jede Woche ein mäßiges, aber regelmäßiges Pensum an Weiterbildung einplanen.

Vorteile des Selbstlernens

- **Flexibilität:** Man kann zu jeder beliebigen Zeit, an jedem beliebigen Ort und in seinem eigenen Tempo die Inhalte konsumieren.
- **Vielfalt:** Den Themen sind keine Grenzen gesetzt: Allgemeines zum Plotten oder Figurenentwurf, gezielte Hilfe beim Dialogeschreiben oder beim Herausputzen des Romananfangs, Schritt-für-Schritt-Anleitungen zum Veröffentlichen – egal, was einen gerade interessiert, man findet sowohl offline als auch online eine Menge Informationen, mit denen man sich schnell ein breites Wissen aneignen, aber auch speziellere Fragen klären kann.
- **Kosten:** Viele Inhalte, insbesondere Websites, Podcasts und YouTube-Kanäle, gibt es kostenlos. Auch viele Schreibratgeber und

Online-Kurse kosten nicht die Welt, sagen wir bis 30 Euro, so dass man sein Geld in andere Dinge, wie beispielsweise Schreibsoftware (mehr dazu weiter unten), investieren kann.

Nachteile des Selbstlernens

- **Fehlende Rückmeldung:** Materialien zum Selbstlernen sind günstig, weil sie, einmal erstellt, keinen weiteren Input vom Hersteller benötigen. Der Lernende muss den Stoff selbst durcharbeiten und erhält weder zwischendurch eine Rückmeldung noch am Schluss eine Bewertung seiner Umsetzung des Gelernten – wenn er es denn überhaupt umgesetzt hat, siehe nächster Punkt.
- **Selbstdisziplin:** Ohne feste Lernzeiten liegt es an einem selbst, den Text durchzulesen oder die Sendungen anzuhören bzw. anzuschauen. Es kann dann leicht passieren, dass das Ganze sich endlos hinzieht und man schlimmstenfalls die Lust daran verliert, nach dem Motto: „Das lese/höre/sehe ich eh nicht mehr! Das kann weg." Fehlende Abgabetermine bzw. Anreize für die Anwendung des Gelernten tragen ihr Übriges dazu bei, dass sich selbst bei eifrigem Konsum von Büchern, Podcasts und Videos nicht der gewünschte Lernerfolg einstellt. Theorie ist gut, Praxis ist besser – auch beim Schreiben.

Geeignet für alle mit einem der folgenden Ziele:

- einen ersten Überblick über die Schreiblandschaft erhalten
- ausloten, was es gibt, was einem gefällt und sich gut in den Alltag integrieren lässt
- kostenlos oder mit geringem finanziellem Einsatz ins professionelle Schreiben starten
- Antworten auf spezifische Schreibfragen finden

Wie finde ich das Richtige?

Das hängt von Ihren Vorlieben, Ihrem Ziel und Ihrem Zeitrahmen ab. Hier ein paar Vorschläge:

Bücher und Blogbeiträge – wenn Sie Geschriebenes bevorzugen, bei dem Sie sich genau das heraussuchen können, was Sie gerade brauchen, und wo Sie immer wieder Sachen nachschlagen können.

Egal, was Sie sich raussuchen, schauen Sie sich gedruckte Schreibratgeber auf alle Fälle unbedingt vorher an, bevor Sie entscheiden, ob Sie sie kaufen! Mir sagten beispielsweise der amerikanische Schreibstil und die zumeist auf US-amerikanische Literatur beschränkten Beispiele in den oben erwähnten Klassikern überhaupt nicht zu, so dass ich die Bücher wenig hilfreich fand. Aber entscheiden Sie selbst!

Im deutschen Schreibratgeberbereich könnten Sie in die Bücher von Diana Hillebrand, Hans Peter Roentgen und Stephan Waldscheidt hineinlesen, die für viele Schreibprobleme, ob spannender Romananfang, Figuren, Klappentext, Pitch, Exposé, Spannungsaufbau oder Autorenleben allgemein, eine Lösung bieten.

Speziell für ein schreibendes Publikum gibt es die Zeitschriften *Federwelt* und *der selfpublisher* aus dem Uschtrin-Verlag, die nicht nur Beiträge über das Schreibhandwerk bringen, sondern noch viele andere interessante und relevante Hintergrundinformationen aus der Buchbranche bieten.

Videos – wenn Sie den persönlichen Vortrag über Autorenleben und Schreiben durch andere Autoren und Fachleute dem Selbstlesen vorziehen.

Unbedingt empfehlen möchte ich Ihnen den YouTube-Kanal der beiden Krimiautoren Marcus Johanus und Axel Hollmann, *Die Schreibdilettanten*, mit wöchentlich neuen Videos. Interaktivere Webinare und (Online-)Autorenkongresse wie der Bookerfly-Umsetzungskongress für Autorinnen und Autoren von Janet Zentel (go.bookerfly.de/kongress-2023/) oder das Buchmarketing-Weekend von Stefanie Penz (www.texthungrig.com) bieten sich dabei nicht nur fürs Zuhauselernen, sondern auch fürs Vernetzen an (siehe Abschnitt **Vernetzung** weiter unten).

Podcasts – wenn Sie oft und regelmäßig unterwegs sind und dabei eher schlecht lesen oder Videos ansehen können.

Wie bei Büchern und Videos gibt es bei Podcasts eine breite Auswahl für Unveröffentlichte, Debütautoren, Schreibende mit mehreren Publikationen und Profischreiber. Picken Sie sich das raus, was Ihrer aktuellen Situation am nächsten kommt. Als Neuling sollten Sie unbedingt in „Die Zwei von der Talkstelle" (vera-nentwich.de/talkstelle) von Vera Nentwich und Tamara Leonhard reinhören, die sich selbst als „zwei völlig unberühmte Autorinnen" bezeichnen und deren Podcast ich besonders geeignet finde für alle, die noch am Anfang ihrer Karriere stehen. An dieselbe Zielgruppe richtet sich auch der Podcast „Schreibzeug" (www.schreibzeug-podcast.de) von Autorin und Schreiblehrerin Diana Hillebrand und Literaturkritiker Wolfgang Tischer. Für (sehr) fortgeschrittene Schreibende empfehle ich unbedingt Joanna Penns (www.thecreativepenn.com) „The Creative Penn Podcast".

Tipp: Gerade wenn Sie schon fortgeschrittener sind und mindestens ein Buch veröffentlicht haben, sollten Sie sich nicht nur auf deutschsprachiges Material beschränken. Unsere englischsprachigen Kollegen, insbesondere in Amerika, sind uns um Jahrzehnte voraus, was das Kreative Schreiben und die Unterstützung und Zusammenarbeit unter Autoren angeht.

Sind Sie unsicher, wo Sie Hilfe brauchen und nach was Sie bei Büchern, Websites, Podcasts oder Videos suchen sollten?

In diesem Fall würde ich Ihnen Lernen unter Anleitung empfehlen. Das kostet am Anfang zwar mehr als niedrigpreisiges Selbstlernmaterial, spart Ihnen aber einiges an Zeit, da Sie unter professioneller Anleitung, durch Rückmeldung und mentalen Beistand beim Schreiben viel schneller und viel größere Fortschritte erzielen als alleine im stillen Kämmerchen.

Tipp: Der Newsletter *The Tempest* von autorenfo rum.de liefert Ihnen neben einem Beispiellektorat Artikel über Schreibtechniken, Informationen zu Ausschreibungen und vieles andere, das Ihre Autorenkarriere gerade am Anfang vorwärtsbringt. Sie können die vergangenen Ausgaben online lesen und/oder den Newsletter abonnieren, um jeden Monat mit der aktuellsten Ausgabe per E-Mail versorgt zu werden.

LERNEN MIT ANLEITUNG BZW. RÜCKMELDUNG

Wer unsicher ist, wie er ans professionelle Schreiben eines Buches herangehen soll, gerne in der Gruppe schreibt oder unmittelbare Rückmeldung zu seinen Gedanken und Texten braucht, der sollte einen Blick auf meist kostenpflichtige Weiterbildungen werfen:

1. 1-zu-1-Kurse für Autoren
2. Workshops und Seminare in der Gruppe
3. (Schnupper-)Lektorate bzw. Textcoaching

Wer es interaktiv mag, der ist beispielsweise in Kursen und Seminaren, entweder als Präsenzveranstaltung oder als Fernlernkurs, gut aufgehoben. Einseitiger, aber nicht notwendigerweise minder effektiv, verläuft das (Schnupper-)Lektorat durch professionelle Autoren oder Lektoren. Diese können Ihnen nicht nur Verbesserungsvorschläge zum Manuskript, sondern auch für das Exposé geben – mehr dazu im Abschnitt **Veröffentlichen.** Ein solches Exposé-Lektorat ist besonders hilfreich, wenn Sie mit Ihrem Text noch am Anfang stehen, denn dann können Sie die Vorschläge umsetzen, ohne Ihr Manuskript komplett umschreiben zu müssen.

Das Arbeitskonzept für meinen ersten historischen Roman entstand beispielsweise im Intensivkurs bei Autor und Schreiblehrer Rainer Wekwerth, nach dem ich über 30 Seiten Material zum Starten hatte. Für andere Texte habe ich mir professionelle Lektorate für Exposé bzw. Romananfang geleistet.

Vorteile des Lernens mit Anderen

- **Struktur:** Wer unter Anleitung lernt, erhält meist einen Plan, anhand dessen man gemeinsam auf ein festgelegtes Ziel zusteuert. Gerade am Anfang profitiert man von der leitenden Hand eines erfahrenen Autors oder Lektors ungemein, um typische Anfängerfehler zu vermeiden und sein Ziel schneller und effizienter als im Alleingang zu erreichen.
- **Resultate:** Gerade individuelle Schreibkurse zielen auf ein bestimmtes Endresultat hin. Im Gegensatz zum Selbstlernen stehen hier nicht der reine Konsum, sondern das Anwenden und die Umsetzung im Vordergrund.
- **Fokus:** Lektorate treffen punktgenau die wunden Stellen eines Textes, wie Infodump, fehlende Spannung oder langweilige

Charaktere, und schlagen Maßnahmen vor, um diese Fehler zu beheben. Ein weiterer großer Pluspunkt von Lernen mit Anleitung ist außerdem, dass man seine Aufmerksamkeit nicht auf alle möglichen Themen verteilt oder sich in den medialen Angeboten verzettelt. Stattdessen arbeitet man konzentriert an einem einzigen Bereich, der innerhalb der gegebenen Struktur relevant und notwendig ist, um seinem Ziel einen Schritt näher zu kommen.

- **Sozialer Aspekt:** Man lernt die Profis persönlich kennen oder trifft in Schreibseminaren auf Gleichgesinnte. Daraus kann sich ein schönes Netzwerk von Kollegen, Kritikern, Testlesern und vielleicht sogar Freunden entwickeln.

Nachteile des Lernens mit Anderen

- **Kosten:** Während Schreibseminare oder -Workshops an der VHS meist nicht mehr als zwei günstige, gedruckte Schreibratgeber kosten, können individuelle Kurse bei gestandenen Autoren schon mit höheren dreistelligen Summen ins Geld gehen.
- **Leistungsdruck:** Hier müssen Sie schreiben und das Gelernte umgehend anwenden – mit Abgabetermin und Längenvorgabe.

Geeignet für alle mit einem der folgenden Ziele:

- Schreibfertigkeiten gezielt verbessern
- schnell ein Projekt vorwärtsbringen
- qualifizierte Rückmeldung zu eigenen Texten von Schreibprofis erhalten

Wie finde ich das Richtige?

Ganz besonders bei kostenpflichtigen Angeboten ist es wichtig, dass Sie sich fragen, was Sie jetzt oder in naher Zukunft brauchen! Ein Kurs zur Buchvermarktung nützt Ihnen beispielsweise herzlich wenig, wenn Sie noch nie ein Buch geschrieben haben. Investieren Sie stattdessen das Geld lieber in einen Schreibkurs, in dem Sie Ihre Idee in ein Arbeitskonzept verwandeln und die Figuren entwerfen.

Zeitrahmen und Kosten

Lektorate benötigen zumindest im ersten Schritt am wenigsten Zeit von Ihnen: Sie schicken Ihren Text zum Lektor und warten auf Rückmeldung. Je nachdem, wie gut Sie schreiben bzw. wie gut Sie Ihren Text im Vorfeld selbst bzw. mithilfe von Testlesern überarbeitet haben, kann der Arbeitsaufwand nach Erhalt des lektorierten Textes unterschiedlich ausfallen. Bei groben Plotfehlern oder sehr vielen Grammatik- und/oder Rechtschreibfehlern kommt natürlich mehr Arbeit auf Sie zu, als wenn Ihr Text handwerklich einigermaßen in Ordnung und sprachlich größtenteils fehlerfrei ist. Preislich reichen

Lektorate vom kostenlosen oder preiswerten Schnupperlektorat von fünf bis zehn Seiten über niedrige dreistellige Beträge für Exposé oder längere Textauszüge bis hin zu vierstelligen Beträgen für komplette Manuskripte, wobei der Preis hier je nach Fehlerdichte und Korrekturaufwand schwankt.

Workshops und Seminare finden Sie als mehrstündige bis mehrtägige – meist einen ganzen Tag oder ein Wochenende – Veranstaltungen bei der VHS, bei Autorenschulen wie der Textmanufaktur oder bei erfahrenen Autoren wie Diana Hillebrand. VHS-Seminare kosten meist um die 30 Euro; mehrtägige Schreibkurse bis zu ein paar hundert Euro.

Schreibkurse von professionellen Schreibtrainern wie Rainer Wekwerth, Diana Hillebrand oder der Textmanufaktur sind zeit- und kostenintensiv, bieten aber eine individuelle Betreuung und Beurteilung Ihres Textes. Dafür müssen Sie allerdings mit drei- bis vierstelligen Beträgen rechnen.

Tipp: Gerade am Anfang machen Sie durch das Einholen professioneller Hilfe einen riesigen Entwicklungssprung. Je mehr Schreiberfahrung Sie sammeln, umso besser können Sie unter der Flut von Selbstlernmaterialien auswählen und entscheiden, welche für Ihren derzeitigen Kenntnisstand am besten geeignet sind. Eine gesunde Mischung aus angeleitetem und selbständigem Schreiben ist wahrscheinlich am effektivsten, um schnell und kosteneffizient ansprechende Ergebnisse zu erzielen.

Aufgabe: Wählen Sie ein bis zwei, maximal drei Hilfsmittel, mit denen Sie sich weiterbilden wollen, beispielsweise einen guten Schreibratgeber und eine Website bzw. einen Videokanal. Nutzen Sie die Informationen dort, um gezielt beim Schreiben an Ihrem Text zu arbeiten, und versuchen Sie, das in den entsprechenden Lektionen, Artikeln oder Videos Gesagte direkt umzusetzen! Oder entscheiden Sie sich für einen kostenpflichtigen Schreibkurs, um Ihre Idee und Ihr Konzept unter professioneller Anleitung weiterzuentwickeln und zu Papier zu bringen!

3

EFFIZIENTER SCHREIBEN: TOOLS UND SOFTWARE

Natürlich können Sie nur mit Bleistift und Notizblock bewaffnet Ihre Geschichte aufschreiben – manche tun dies in der Tat mit dem gesamten ersten Entwurf. Wenn Sie allerdings (noch) nicht so selbstbewusst, routiniert, mit entsprechend vielen Stiften und Blöcken ausgestattet sind oder ganz einfach anders Ihren Text produzieren, dann lassen Sie sich von der Technik ein wenig unter die Arme greifen. Mittlerweile gibt es zahlreiche Tools, die das Schreiben einfacher, bequemer und effizienter machen.

SCHREIBPROGRAMME

Es gibt tatsächlich Autoren, die in Word ihre Romane verfassen und gerne damit arbeiten. Wenn Ihnen aber das ständige Vor- und Zurückblättern im Dokument sowie die fehlenden Möglichkeiten zur komfortablen Verwaltung von Kapiteln, Szenen, Handlungssträngen, Zeitleiste, Figuren und Recherchematerial in ein und derselben Datei genauso auf die Nerven gehen wie mir und vielen anderen Kollegen, dann sollten Sie über eine spezielle Schreib-Software nachdenken.

In Deutschland sind die beiden große Konkurrenten zu Word die Programme Scrivener und Papyrus Autor. Letzteres wurde von einer deutschen Firma zusammen mit Autor Andreas Eschbach entwickelt, während Scrivener aus dem amerikanischen Markt stammt.

Wie finden Sie die richtige Software?

Testen Sie! Nur weil Scrivener und Papyrus Autor die Platzhirsche sind, heißt das nicht, dass auch Sie sie benutzen müssen. Vielleicht sind Ihnen die Programme zu aufgebläht mit ihren vielen Funktionen. Vielleicht benötigen Sie nur eine übersichtlichere Textverarbeitung. Vielleicht sind Ihnen die Programme zu teuer, und Sie möchten lieber (erst einmal) eine kostenlose Software.

Die Websites der beiden Programme liefern Ihnen einen guten Überblick über Funktionen, Benutzeroberfläche und Preis. Soweit ich weiß, können Sie beide vor dem Kauf kostenlos testen. Sollten Sie ein weniger umfangreiches und/oder kostenloses Tool wünschen, suchen Sie im Internet nach „Software für Autoren" oder nur „Schreibsoftware" bzw. „Schreibprogramm" für Alternativen zu MS Word.

LEXIKA, NACHSCHLAGEWERKE UND RECHERCHE

Irgendwann kommt der Punkt, an dem Sie eine Schreibweise nachschlagen müssen, ein Synonym suchen oder etwas recherchieren müssen. Ich benutze vor allem den Duden Online (duden.de) und das Digitale Wörterbuch der deutschen Sprache (dwds.de) für Rechtschreibung, Synonyme und Etymologie sowie zur Recherche das Internet Archive (archive.org), wo Sie alles finden, was es jemals an Webseiten, Texten, Filmen, Audio, Software oder Bildern im Internet gegeben hat. Auch alte Bücher gibt es dort in digitalen Versionen mit einer hervorragenden internen Suche im Buch.

Wenn Sie erst nach dem Entwurf an die sprachliche Bearbeitung Ihres Manuskripts gehen, können Ihnen auch KI-Tools auf viele Arten helfen, etwa die automatische Rechtschreib- und Grammatikkorrektur Ihrer Schreibsoftware oder Schreib- und Analyse-Tools wie die beiden deutschen KI-Tools DeepL Write oder neuroflash

– wenn Sie schon KI nutzen, dann wenigstens unter dem Dach des deutschen Datenschutzes!

Tipp: Die Kosten für Weiterbildung, Fachliteratur, Schreib-Software (und -Hardware!) können Sie von der Steuer absetzen. Heben Sie also Ihre Belege und Rechnungen gut auf! Mehr dazu im Abschnitt **Rechtliches und Verwaltung.**

Aufgabe: Betrachten Sie Ihr Romankonzept und überlegen Sie, ob Ihnen eine Schreib-Software bei der Ausgestaltung des Konzepts helfen könnte, etwa durch eine Übersicht über Figuren und deren Konstellationen, über die verschiedenen Handlungsstränge, durch Zeitleisten oder einfach durch ein vereinfachtes Hin- und Herbewegen im Dokument! Probieren Sie dann einige Programme aus!

ABSCHLUSSAUFGABE

Schreiben Sie Ihr Manuskript!

TEIL II

MARKETING

EINLEITUNG

Ihr Roman wächst oder ist fast fertig? Höchste Zeit, sich zu überlegen, wo Sie ihn veröffentlichen? Nicht so schnell! Natürlich ist diese Frage wichtig, aber es gibt etwas, das Sie bereits während der Entstehung Ihres Textes machen können, um sozusagen den Boden für die Aussaat vorzubereiten. Was meinen Sie, welches Buch verkauft sich besser: eines, das irgendwo veröffentlicht wird, oder eines, das bereits vor seiner Veröffentlichung für Aufmerksamkeit gesorgt hat? Richtig, man kann nie früh genug damit beginnen, für Sichtbarkeit im Markt zu sorgen. Das heißt konkret, dass Sie sich als Autor positionieren, mit passenden Leuten vernetzen, wissen, wie und wo Sie Ihr Buch bekanntmachen, und sich eine unabhängige Unternehmensplattform aufbauen.

1

AUTORENMARKETING

Wenn Sie noch kein Buch veröffentlicht haben, heißt das keinesfalls, dass Sie noch nichts für Ihren zukünftigen Erfolg im Buchmarkt tun können. Ganz im Gegenteil: Je früher Sie ansetzen, umso eher haben Sie alles vorbereitet, das Ihnen einen erfolgreichen Start Ihres Buches erleichtern wird. Fangen wir also gleich an!

IHRE AUTORENMARKE

Wahrscheinlich haben Sie zu diesem Zeitpunkt noch keine feste Vorstellung von Ihrer Autorenmarke, aber Sie sollten sich trotzdem schon jetzt ein paar grundlegende Gedanken darüber machen. Je eher Sie nämlich wissen, was Sie und Ihre Bücher auszeichnet und unverwechselbar macht, umso einfacher wird es für Sie sein, Leute mit ähnlichen Interessen auf Sie aufmerksam zu machen und Kontakte zu knüpfen. Außerdem erleichtert es Ihnen die zukünftige Arbeit an einer konsistenten Gestaltung Ihres Auftritts online (Website, Social-Media-Profile und -Aktivitäten, etc.) und bei Veranstaltungen (Buchmessen, Lesungen, etc.).

Wie kann der Aufbau einer eigenen Marke (Englisch: Brand; denken Sie auch an die sogenannte Corporate Identity bekannter Unternehmen) Ihnen im Autorenleben helfen? Nun, schneller schreiben tun Sie dadurch leider nicht, und er bringt auch keine Bestseller-Garantie, aber letztendlich wollen Sie sich mittel- bis langfristig im Buchmarkt etablieren, und das schaffen Sie nur, wenn man Sie und Ihre Bücher wahrnimmt, Stichwort: **Sichtbarkeit** (mehr dazu im Abschnitt **Buchmarketing** weiter unten). Diese Bekanntheit schaffen Sie umso schneller, je größer Ihr Wiedererkennungswert ist. Wenn Sie einen neuen Beitrag posten, einen Kommentar hinterlassen, sich an einer Diskussion zu Buchthemen beteiligen oder an einem Stand auf einer Buchmesse zu finden sind, weiß idealerweise jeder, der schon einmal etwas von Ihnen gesehen oder gelesen hat, wer Sie sind und ob er mehr über Sie erfahren möchte. Ihr Netzwerk entsteht!

Falls Sie (noch) nicht auf Anhieb sagen können, was Sie besonders macht, machen Sie ein Brainstorming oder fragen Sie Freunde und Bekannte! Eventuell fällt Ihnen auch etwas Neues ein, das Sie ab jetzt zu Ihrem unverwechselbaren **Markenzeichen** machen können. Das können bestimmte Farben (pastell, blutrot, quietschbunt) oder Stilelemente (romantische Verschnörkelungen, düstere Landschaften, verspielte Dekoration) sein, ein spezielles Accessoire – beliebt sind beispielsweise Hüte oder Schuhe verschiedenster Art und Farben – oder spezielle Kleidung – denken Sie nur an historische Gewandung –, mit denen Sie sich und Ihre Bücher online und offline präsentieren. Dazu gehören aber auch Dinge wie der Inhalt von Beiträgen, die Sie in den Sozialen Medien posten – Rebecca Gablé verbreitet in ihren Posts beispielsweise geschichtliche Fakten und Hintergrundwissen dazu –, die Art, wie Sie schreiben, oder eine bestimmte Eigenschaft/Eigenheit Ihrerseits – etwa ein außergewöhnliches Hobby oder Interesse. Mich faszinieren zum Beispiel Sprachen, deshalb kommt man um die bei meinen Büchern und meinen Autorenaktivitäten nicht drumherum.

Machen Sie sich keine Sorgen, wenn Ihnen noch nichts Zündendes einfällt, und verbiegen Sie sich nicht, um irgendetwas zu sein, das gerade im Trend liegt. Zeigen Sie sich einfach so, wie Sie auch in Ihrem Leben abseits vom Schreibtisch sind. Im Zeitalter der sprichwörtlichen „Fake News“ haben die Menschen wieder gelernt, Authentizität zu schätzen. Früher oder später wird Ihnen etwas auffallen, das Sie und Ihre Autorenmarke unverwechselbar macht.

Tipp: Suchen Sie im Internet nach „Branding für Autoren“ um mehr und detaillierte Informationen zum Thema zu erhalten.

Aufgabe: Überlegen Sie sich, was Ihr besonderes Kennzeichen ist und wie Sie es umsetzen und für alle sichtbar in Ihr Autorenleben integrieren können!

VERNETZUNG

Es gibt drei Gruppen von Leuten, die Sie so früh wie möglich kennenlernen sollten, um sich ein unterstützendes, wohlwollendes und produktives Umfeld für Ihr Schreiben zu schaffen:

1. **Andere Schreibende:** Schreiben ist ein einsamer Beruf, also suchen Sie regelmäßig den Austausch mit Gleichgesinnten. Lernen Sie von ihnen, teilen Sie selbst Ihr Wissen und unterstützen Sie sich gegenseitig bei Ihren Projekten und in Krisenzeiten!

2. **Das Zielpublikum Ihrer Bücher:** Holen Sie sich Rückmeldungen bei Leserunden, auf Buchplattformen, in den Sozialen Medien und in ihrem Newsletter.

3. **Multiplikatoren** wie Blogger, Journalisten und andere Menschen, die in ihrem jeweiligen Medium über Ihr Buch sprechen: Gerade am Anfang kann die wohlwollende Rezension einer gut vernetzten und etablierten

Buchautorität Wunder für die Bekanntheit Ihres Buches wirken.

Hier sind ein paar Vorschläge, wo Sie die entsprechenden Kontakte knüpfen und pflegen können:

Autorenverbände

Ganz wichtig, um die Interessen und Bedürfnisse von Autoren in der Öffentlichkeit zu vertreten und durchzusetzen, sind Autorenverbände. Es gibt sowohl allgemeine Organisationen, wie etwa den Bundesverband junger Autoren und Autorinnen (BVjA) für Neulinge, den Verband deutscher Schriftstellerinnen und Schriftsteller (VS) oder den Selfpublisher-Verband, als auch Genre-spezifische Vereinigungen wie DeLiA für Liebesromane oder das Syndikat für Krimis. Eine Liste finden Sie auf www.die-schreibtrainerin.de/autorenverbaende oder suchen Sie im Internet nach „Autorenverbände“. Eventuell gibt es sogar spezielle Verbände in Ihrer Region.

Social Media

So etwas wie die eierlegende Wollmilchsau sind die Sozialen Medien, denn nirgendwo anders haben Sie so viele gute Gelegenheiten, um alle Arten von Autoren, Lesern und Bloggern zu erreichen. Wahrscheinlich kennen Sie über Facebook, Instagram, YouTube, TikTok etc. längst andere Schreibende. Nutzen Sie bestehende Kontakte und die Möglichkeiten, welche die Sozialen Medien bieten, um dort Ihre persönliche Buch-Community aufzubauen, aber überfordern Sie sich nicht! Sie müssen nicht auf allen Hochzeiten tanzen, um diejenigen anzulocken, mit denen Sie eine positive und kooperative Beziehung eingehen.

Richten Sie Ihr Augenmerk auf ein oder zwei Netzwerke, die Ihnen Spaß machen und in denen sich Gleichgesinnte aus den drei oben aufgeführten Bereichen tummeln. Snapchat und TikTok haben tendenziell ein sehr junges Publikum, auf Instagram tummeln sich vor allem Twens und Erwachsene bis Mitte 30, und Facebook kümmert sich vorwiegend um den Rest, auch wenn das Netzwerk mittlerweile über Nutzer in (fast) allen Altersstufen verfügt.

Auf Facebook gibt es zahlreiche Gruppen speziell für Leser und Autoren, aber auch über passende Hashtags, etwa #bookstagram auf Instagram, #booktube auf YouTube oder #booktok auf TikTok, lassen sich schnell Bücherwürmer im jeweiligen Netzwerk aufzuspüren, denen Sie folgen können. Allgemeine Mitmach-Aktionen wie Challenges, Umfragen oder Aufrufe liefern ebenfalls Inspirationen, die den Einstieg ins aktive Netzwerken mit einer großen Gruppe Gleichgesinnter erleichtern.

Achtung: Buchwerbung ist nicht überall gern gesehen, insbesondere wenn Sie über nichts anderes sprechen, und je nach Plattform oder Forum sogar gänzlich untersagt. Behandeln Sie die Leute dort so, wie Sie mit Ihren Freunden und Bekannten sprechen. Denen sagen Sie auch nicht ständig, dass sie Ihr Buch kaufen sollen.

Wenn Sie selbst mit dem jeweiligen Netzwerk wenig anfangen können, suchen Sie eine passende Alternative, denn insbesondere der Austausch mit Ihrer Community kann Ihnen auf Dauer niemand abnehmen. Authentizität wird nicht umsonst immer als Schlüsselwort genannt, wenn es um die Selbstdarstellung in den Sozialen Medien geht. Die Leute wollen mit Ihnen persönlich interagieren, nicht mit irgendeiner virtuellen Hilfskraft, die nur Standardantworten gibt. Das bedeutet, dass Sie nicht nur bekanntgeben, wenn Sie ein Buch veröffentlichen, sondern auch dass Sie Beiträge anderer liken, kommentieren, teilen und auch selbst für das jeweilige Netzwerk passende Inhalte sowie Persönliches – nicht Privates! – dort einstellen.

Online-/Offline-Mix für Multiplikatoren

Jeder positive und konstruktive Kontakt mit anderen, die schreiben und/oder lesen, ist nicht nur aus menschlichen und psychologischen Gründen wichtig, sondern auch ganz besonders, wenn es darum geht, Sie und Ihre Geschichten in der Welt bekannt zu machen. Der deutschsprachige Buchmarkt wächst jährlich um eine hohe fünfstelligen Anzahl an Neuerscheinungen, aber mit einer Gruppe Lesebegeisterter – Kevin Kelly präsentierte 2008 sein mittlerweile sprichwörtliches Konzept der „1,000 true fans“, also der 1000 wahren Anhänger, für ein auskömmliches Leben – und ein wenig Hilfe von Multiplikatoren können Sie die notwendige Reichweite aufbauen.

Zu letzter Gruppe gehören Medienleute im weitesten Sinne, die auf ein etabliertes und für Sie passendes Netzwerk zurückgreifen können, für das Ihr Buch interessant sein könnte, beispielsweise:

- Personen, die in Blogs, Podcasts, bildlastigen Netzwerken oder Videos über Bücher sprechen
- Journalisten, die für passende Zeitungen, Zeitschriften oder Radio/TV schreiben
- Angestellte in Buchhandlungen und Büchereien
- Kulturbeauftragte

Recherchieren Sie also, welche Blogger, egal ob in Textform oder audiovisuell, Ihr Genre rezensieren, wo Sie Gewinnspiele für Ihr Zielpublikum veranstalten können und welche Medien nicht nur vor Ort für Ihr Buch interessant sein könnten. Folgen und kommentieren Sie in relevanten Blogs, nehmen Sie rechtzeitig Kontakt mit den Ansprechpartnern der jeweiligen Medien auf – bei beliebten Blogs sind das meist drei bis vier Monate, bei der Lokalpresse reichen je nach Ihrem Wohnort einige Wochen vor dem Erscheinen Ihres Buches.

Die Namen der in Frage kommenden Journalisten finden Sie bei der Recherche lokaler Medien heraus. Buchblogs können Sie über eine Internetsuche aufspüren, oder Sie durchsuchen die ständige aktualisierte Liste mit über 800 Einträgen auf www.lesestunden.de/topliste. Suchen Sie Blogs, in denen schon Bücher besprochen wurden, die Ihren ähneln, und schicken Sie der Bloggerin/dem Blogger ein kurzes persönliches Anschreiben, in dem Sie Ihr Buch vorstellen. Geben Sie sich Mühe! Namenlose Rundschreiben mit Standardfloskeln werden gar nicht erst gelesen.

Wie schon bei Social Media erwähnt, sollte Ihre

Kommunikation nicht (nur) aus Werbeanfragen bestehen, sondern auf einen guten Kontakt ausgelegt sein, der zur rechten Zeit mit einer beidseitig nützlichen Kooperation anlässlich Ihrer Buchveröffentlichung gekrönt sein darf.

Lesenetzwerke

Ganz gezielt an Lesende richten sich Websites, auf denen sich Menschen nur über Bücher austauschen. In diesen Netzwerken können Sie ein Autorenprofil einrichten, sicherstellen, dass Ihre Bücher dort nach der Veröffentlichung verfügbar sind, und sich unmittelbare Rückmeldungen von Bücherwürmern holen, indem Sie Leserunden und Gewinnspiele veranstalten.

Die drei größten Lesenetzwerke sind **LovelyBooks** (gehört der aboutbooks GmbH, einer Tochter von Hugendubel), das unabhängige **Whatchareadin** sowie deren englischsprachiges Äquivalent **Goodreads** (gehört zu Amazon). Es gibt aber noch viele kleinere Online-Treffpunkte, an denen sich Bücherwürmer über ihr liebstes Hobby austauschen, etwa Büchereule, Wasliestdu, Lesejury, Büchertreff, Mojoreads oder Leserkanone. Schauen Sie sich auf den entsprechenden Plattformen um und überlegen Sie, wo das Publikum am besten zu Ihrem Buch passt. Über Leserunden sowie Kommentare auf Profilen oder Buchbesprechungen können Sie Kontakt mit anderen Schreibenden und Lesenden aufnehmen. In meinem Fall habe ich durch Leserunden auf LovelyBooks treue Testleser und Newsletter-Abonnenten gefunden.

Autorenforen im Internet

So wie es Websites nur für Lesende gibt, existieren auch Websites exklusiv für Schreibende. Hier erhalten Sie Antworten auf alle Fragen rund ums Schreiben und das Autorenleben und profitieren zudem je nach Forum von jahrzehntelanger professioneller Erfahrung der Schreibveteranen, die sich in diesen Foren tummeln.

Groß und bekannt sind vor allem Montségur, 42er Autoren, das Deutsche-Schriftsteller-Forum DSFO und das Forum der Autorenwelt (Uschtrin-Verlag), wo auch erfahrene Schriftsteller verkehren. In manchen Foren müssen Sie eine (Verlags-)Veröffentlichung vorweisen, um überhaupt zugelassen zu werden. Eine kurze Vorstellung von zehn Autorenforen finden Sie auf www.birgitconstant.de/autorenforen/.

Autorengruppen vor Ort

Was die Autorenforen online, sind regionale und lokale Autorentreffs und Schreibgruppen offline. Recherchieren Sie, ob es an Ihrem Wohnort schon etwas Derartiges gibt, und gesellen Sie sich dazu! Oder bilden Sie eine neue Schreibgruppe mit Ihren Mitstudenten aus einem VHS-Schreibkurs. Das Kursprogramm Ihrer lokalen VHS finden Sie über www.volkshochschule.de.

Messen/Autorentreffs

Nutzen Sie Buchmessen und Literaturfestivals, kleine wie große, oder spezialisierte Autorentreffs, um sich mit anderen Autoren, aber auch Bloggern, Verlegern, Lektoren und Lesern zu vernetzen. Gerade wenn Sie schon über das Internet Kontakt geknüpft haben, sind solche Events eine hervorragende Gelegenheit, diese Menschen persönlich kennenzulernen.

Auf www.messeninfo.de können Sie unter *Messen – Messen nach Branchen – Bücher* nach Büchermessen suchen. Weitere Veranstaltungen für Autoren gibt es auch auf www.autorenwelt.de – Literaturbetrieb – Veranstaltungen. Neben den allgemeinen Buchmessen könnten sich auch autorenspezifische Konferenzen wie etwa die Autorenrunde der Leipziger Buchmesse oder der Self-Publishing-Day sowie Literaturfestivals rund um bestimmte Genres, etwa Fantasy, Krimi, Romance, Kinder- und Jugendbuch oder auch Poesie, lohnen. Eine gute Übersicht finden Sie auf leanderwattig.com/events/literatur-schreiben.

Autorenreise

Vielleicht wollten Sie immer schon am Strand in der warmen Sonne schreiben? Dann gehen Sie auf eine Autorenreise und treffen Sie Ihre internationalen Kollegen in Griechenland, Italien, Spanien oder einem anderen interessanten Schreibort! Suchen Sie beispielsweise nach „Creative Writing Holidays“ oder „Schreibseminar Reisen“ und lassen Sie sich von den Angeboten inspirieren! Oder werfen Sie einen Blick auf www.urlaub-kreativ.com/kreatives-schreiben, ein Portal, das Schreibkurse und andere kreative Aktivitäten in vielen Ländern anbietet.

Tipp: Natürlich können Sie sich auch rein über das Internet austauschen, aber versuchen Sie immer auch, Ihre Kollegen, Leserschaft und Multiplikatoren persönlich zu treffen! Der Motivationsschub ist ein ganz anderer als über Smileys und Likes.

Aufgabe: Probieren Sie die verschiedenen Vernetzungsmöglichkeiten aus und schauen Sie, was Ihnen gefällt und woraus Sie am meisten Nutzen und Freude ziehen!

2

BUCHMARKETING

Spätestens wenn Sie den Verlagsvertrag unterschreiben bzw. für Selfpublisher einige Monate, bevor das Buch online erscheint – also normalerweise, wenn Sie gerade noch dabei sind, es zu schreiben! –, sollten Sie sich Gedanken machen, wo und wie Sie Ihr Buch bekanntmachen wollen, und Ihre Marketing-Maschine anwerfen. Denn außer bei den großen Namen verkauft sich kein Buch auf Autopilot.

Nutzen Sie die Zeit, in der Sie auf Antwort von Agenturen, Verlagen oder Testlesern und Lektoren warten, um sich passend zu Ihrem Buch und Ihrer Zielgruppe Werbemaßnahmen zu überlegen und zu planen. Als Selfpublisher haben Sie dabei freie Hand, was Sie ausprobieren. Haben Sie einen Verlagsvertrag, sollten Sie prüfen, ob Ihnen darin von Verlagsseite Unterstützung beim Marketing zugesichert wird oder ob Sie in Zusammenarbeit mit dem zuständigen Lektor oder der PR-/Werbeabteilung auf Rückhalt bauen können. Das kann die Zusendung von Rezensionsexemplaren an Blogger oder Journalisten umfassen, die Versorgung mit Werbematerialien wie Flyer oder Poster, die Organisation von Lesungen oder anderes. Schlagen Sie ruhig auch zusätzliche oder außergewöhnliche Marketing-Aktionen vor.

Im folgenden Abschnitt werden Sie eine ganze Reihe an Marketingvorschlägen kennenlernen. Wie sollen Sie da eine Wahl treffen, wenn niemand Ihnen sagt, welches die besten Maßnahmen sind? Einfach alles machen und Stück für Stück durch die Liste arbeiten? Auf gar keinen Fall, denn damit Sie mit Ihrem Marketing gezielt und erfolgreich ansetzen und Streuverluste vermeiden können, müssen Sie einiges berücksichtigen:

- den Umstand, ob Sie im Verlag oder selbst veröffentlichen
- wer Ihre Zielgruppe ist
- die Vorlaufzeit für die Werbemaßnahme
- Ihre eigenen Vorlieben

Trotzdem ist nicht alles in Stein gemeißelt. Auf TikTok oder einem der Bildernetzwerke audiovisuelle Eindrücke von Ihrem Roman einzustellen, nutzt tendenziell eher, wenn Sie jüngere Kundschaft haben; der Bericht im Feuilleton der Zeitung eignet sich dagegen mehr für eine Leserschaft im Seniorenalter. Das soll allerdings nicht heißen, dass Sie das jeweilige Medium ganz ausschließen sollten, wenn Sie dort aktiv sind und sich wohlfühlen.

Vielleicht empfiehlt der TikTok-Fan Ihr Video an seine Mutter weiter, weil diese begeistert Romane aus Ihrem Genre liest, oder der Enkel des Zeitungsabonnenten sieht durch Zufall das Bild Ihres Jugendromans in der Zeitung.

WO KÖNNEN SIE IHR BUCH BEKANNTMACHEN?

Online

Eigene Website sowie Newsletter/E-Mail-Marketing

Nirgendwo anders können Sie so dauerhaft, günstig und selbstbestimmt für Ihr Buch werben wie auf Ihrer eigenen Online-Präsenz und dem zugehörigen Newsletter. Nutzen Sie das!

Wie Sie Ihre Website und den Newsletter aufbauen, lesen Sie weiter unten im Abschnitt **Autoren-Website.**

Social Media

Um mit Ihren Büchern erfolgreich zu sein, brauchen Sie, wie im Abschnitt **Vernetzung** im vorigen Kapitel beschrieben, ein solides Netzwerk von Kontakten, auf das Sie bei Bedarf zurückgreifen können. Erst dann hat die

Ankündigung eines neuen Buches wirklich den vollen Effekt, um für Aufmerksamkeit und Verkäufe zu sorgen. Achten Sie allerdings darauf, etwaige Community-Regeln zu beachten, denn Eigenwerbung ist nicht überall erlaubt.

Interviews/Gastbeiträge

Interviews in Podcasts oder Gespräche und Gastbeiträge auf den Websites der Kollegen aus der Buchbranche helfen dabei, Sie als Person sowie Ihr Buch bekannt zu machen. Recherchieren Sie Podcasts, die beispielsweise für Ihr Genre, Ihre Zielgruppe oder Ihr Fachgebiet, etwa bei Sachbüchern, in Frage kommen und bieten Sie eine mündliche oder schriftliche Vorstellung oder Stellungnahme zu relevanten Themen an, etwa Einblicke ins Autorenleben oder Trends im Buchmarkt.

Lesenetzwerke

Eine Neuerscheinung ist die ideale Gelegenheit für eine Leserunde oder – wenn Ihnen die Betreuung einer solchen zu aufwändig ist – einer Buchverlosung auf den entsprechenden Bücherplattformen. Orientieren Sie sich an anderen Ausschreibungen, wie viele Bücher bzw. welche Formate verlost werden und wie solch ein Aufruf inhaltlich gestaltet und strukturiert ist. E-Books zu verlosen, ist gerade für Selfpublisher günstiger, aber generell denke ich, dass Sie mit gedruckten Ausgaben mehr Interessenten anlocken.

Achtung: Vorsicht vor Buchabgreifern! Bei LovelyBooks können Sie einsehen, ob jemand zuverlässig rezensiert oder nur Bücher abstaubt und nie wieder von sich hören lässt. Schauen Sie sich vor einer Zusage die Profile, Bewertungen und Rezensionen der möglichen Gewinner an.

Offline

Lokale Medien

Recherchieren Sie Zeitungen, Zeitschriften, Radio- und/oder Fernsehsender, die an Ihrem Buch oder an Ihnen als Lokalautor Interesse haben könnten.

Bildung und Kultur vor Ort

Je nach Art und Inhalt des Romans haben Sie die Wahl zwischen dem lokalen Buchhandel, Bildungsinstitutionen wie Schulen oder Bibliotheken sowie besonderen Orten, wie Schlössern, Museen, (themenspezifischen) Restaurants und Geschäften oder was auch immer mit Ihrem Buch in Verbindung gebracht werden könnte.

Messen/Autorentreffs/Literaturveranstaltungen

Es muss nicht Frankfurt oder Leipzig sein. Auch kleinere Veranstaltungen, auf denen sich Buchmenschen aller Art treffen, können eine tolle Möglichkeit sein, um Sie und Ihr Buch bekanntzumachen. Suchen Sie im Internet nach Buchveranstaltungen oder Buchmessen, um eine aktuelle Übersicht und weiterführende Links zu erhalten.

Tipp: Wählen Sie Ihre Werbemaßnahmen so, dass Sie voll und ganz dahinterstehen und sie nicht nur halbherzig durchziehen. Lieber mit wenig starten und das aber richtig machen, anstatt sich zu überfordern und zu quälen, denn beides merkt auch Ihr Publikum.

Aufgabe: Überlegen Sie, wer Ihr Buch lesen soll und in welchen Medien und an welchen Orten Ihre Zielgruppe am wahrscheinlichsten zu erreichen ist! Wählen Sie dann entsprechend Ihre Marketing-Maßnahmen aus.

WIE KÖNNEN SIE IHR BUCH BEKANNTMACHEN?

Mögliche Inhalte

Haben Sie Ihre Liste mit Medien und Orten gemacht, die Sie für Ihren Marketing-Plan nutzen wollen, dann ziehen Sie alle Register: Wort, Bild, Video und Ton. Aber ganz gleich, welches Medium Sie wählen, verlinken Sie vor allem bei Online-Aktionen immer zu Ihrer Website, damit Interessenten weiterführende Informationen zu Ihnen und Ihrem Buch finden können.

Tipp: Gerade fürs Marketing, ob das Schreiben von Klappentexten und Social-Media-Posts, das Erstellen von Bildern und Grafiken oder der Entwurf eines kompletten Marketingplans, bietet sich die Nutzung von KI an, um sich Ideen und Inspiration zu holen bzw. den Arbeitsaufwand zu reduzieren.

Fragen Sie einfach Ihre bevorzugte KI nach Vorschlägen und treten Sie mit ihr ins Gespräch, um die Ergebnisse nach Ihren Wünschen zu gestalten.

Achtung: Vergessen Sie dabei nicht etwaige rechtliche Aspekte, die Sie bei der Nutzung von Texten oder Bildern beachten müssen. Informationen zu Digitalisierung und KI für Autoren und Übersetzer gibt es auf https://www.netzwerk-autorenrechte.de/digitalisierung-und-ki/.

Mit den folgenden Inhalten können Sie bereits **vor der Veröffentlichung** Aufmerksamkeit für Ihr Buch erregen:

- Buchankündigung: Ganz klar, vor der Veröffentlichung müssen Sie natürlich unbedingt ankündigen, wann Ihr Buch denn überhaupt erscheint, worum es geht und wo man es kaufen kann. Informieren Sie insbesondere relevante Multiplikatoren persönlich, also jene Blogger und Medienleute, die Teil Ihres Netzwerks sind (siehe oben im Abschnitt **Vernetzung**), um für eine breite Berichterstattung zu sorgen. Einer Pressemitteilung für die lokalen Medien sollten Sie unbedingt ein Autoren- und ein Cover-Bild beilegen.
- Cover-Vorstellung: Gerade als Selfpublisher ist die Vorstellung verschiedener Cover-Alternativen eine hervorragende Gelegenheit,

um Rückmeldung von (potentiellen) Lesern zu erhalten und diese in die Entstehung des Buches miteinzubeziehen. Wer an etwas mitarbeitet, hat später auch ein größeres Interesse am Endprodukt!

- (schrittweise) Cover-Enthüllung, Vorstellung der Figuren, Hintergrundinformationen zum Buch und zu den Schauplätzen, Zitate aus dem Text, Anekdoten vom Schreiben und Recherchieren, gelöschte Szenen – geeignetes Material können Sie auch exklusiv Ihren Newsletter-Abonnenten anbieten, um E-Mail-Adressen zu sammeln.
- Buch-Trailer
- Gastbeiträge: Je nach dem Thema Ihres Romans, insbesondere aber bei Sachbüchern, gibt es bestimmt Websites oder Blogs, die Interesse an einem Beitrag von Ihnen hätten. Das hilft nicht nur Ihrem Branding, sondern bietet auch weitere Vorteile für alle Beteiligten: kostenlose Werbung für Sie selbst, frische, interessante und/oder nützliche Inhalte für den Besitzer und die Besucher der jeweiligen Plattform.
- Leseproben: Auszüge aus Ihrem Buch können Sie auf Ihrer Website, auf Verkaufsplattformen oder auch als Video auf YouTube oder – originell nachgespielt? – auf TikTok einstellen. Als Verlagsautor sprechen Sie sich bitte mit Ihrem Verlag ab, was und wie viel Sie als Leseprobe anbieten können, wenn Sie nicht

vom Verlag einen Link zu einer entsprechenden Seite erhalten haben.

- Interview für lokale Radio- und TV-Sender bzw. geeignete Blogs
- Rezensionsexemplare und Gewinnspiel: Bieten Sie Pressevertretern, Bloggern und Lesern ein Rezensionsexemplar bzw. ein zu verlosendes gedrucktes Buch an. Fragen Sie unbedingt an, ob die jeweilige Person eine Rezension pünktlich zum Veröffentlichungstermin auf den Verkaufsplattformen, in ihrem Blog, in Lesenetzwerken oder im entsprechenden Medium – Zeitung, Zeitschrift, Radio/TV – einstellen könnte. Das verleiht Ihrem Buch einen extra Schub in Sachen Sichtbarkeit.

Wie bekommen Sie die Inhalte an Ihr Zielpublikum?

Content Recycling

Ganz wortwörtlich verwerten Sie dabei bereits erstellte Inhalte wieder, allerdings auf andere Art. Dazu gehören beispielsweise:

- die Veröffentlichung Ihres Buches in verschiedenen Formaten, um möglichst viele Menschen zu erreichen: Gerade Selfpublisher können und sollten einen Text nicht nur als E-Book herausgeben, sondern auch als gedruckte Ausgabe (Taschenbuch und gebundenes Buch), als Hörbuch, als Lizenz für andere

Länder und/oder andere Sprachen oder vielleicht sogar für andere Medien, wie Film und Fernsehen. Bei Verlagsautoren sollte sich der Verlag um derartige Ausgaben und Rechte kümmern.
- die Nutzung vorhandener Inhalte, etwa Recherche-Ergebnisse oder alte bzw. unveröffentlichte Texte, für – neue und/oder längere – Blogbeiträge, Social-Media-Posts, Reader Magnets (Freebies, also kostenlose Werbegeschenke, für neue Newsletter-abonnenten), Gastbeiträge, Podcast-Folgen, etc.

Leserunden

Starten Sie auf einem der Lesenetzwerke – siehe Abschnitt **Vernetzung** im vorigen Kapitel – eine Leserunde, um Feedback von Lesern zu ausgesuchten Aspekten Ihres Buches zu erhalten und um Rezensionen anzuregen.

Gewinnspiel/Verlosung

Auch nach der Veröffentlichung können Buchverlosungen ein gutes Marketinginstrument sein. Diese können Sie in Verbindung mit einer Leserunde oder unabhängig davon organisieren, um Ihre Fans zu mobilisieren und für Aufmerksamkeit und Reichweite zu sorgen.

Achten Sie darauf, dass der Preis nicht für jeden, sondern möglichst ausschließlich für Ihr (anvisiertes) Zielpublikum attraktiv ist, sonst haben Sie zwar viele Teilnehmer, aber als Werbemaßnahme für Sie und Ihr Buch verpufft der Effekt. Verlosen Sie also beispielsweise eines Ihrer Bücher oder passende Werbematerialien und nicht etwa einen E-Reader oder einen Büchergutschein.

Was es bei der Erstellung und Durchführung von Gewinnspielen rechtlich zu beachten gibt, erläutert Rechtsanwalt Dr. Schwenke auf datenschutz-generator.de unter dem Menüpunkt Blog & News in seinem Blogbeitrag „Ratgeber Gewinnspiele und Recht“.

Achtung: Wenn Sie Bücher mit der Post verschicken, müssen Sie die Vorschriften zum Verpackungsgesetz beachten, falls Sie neue Verpackungen in Umlauf bringen (mehr dazu im Abschnitt **Verpackungslizenz** im letzten Kapitel).

Preisbezogene Aktionen (nur für E-Books)

Während Verlosungen eher für gedruckte Bücher interessant sind, bieten sich Verschenk- und Preisaktionen vor allem für E-Books an. Solche Aktionen können auf den Verkaufsplattformen im Internet einmalig und/oder für einen bestimmten Zeitraum veranstaltet werden. Schaut man sich den englischsprachigen Buchmarkt an, so scheinen Preisaktionen das beliebteste Werbeinstrument der Kollegen dort zu sein. Sie ändern nicht nur ständig die Preise für ihre E-Books zu verschiedensten Anlässen, sondern schleudern auch massenweise kostenloses Lesematerial an ihr Zielpublikum hinaus. Von der Ankündigung solcher Preisaktionen lebt eine ganze Marketingindustrie, und Plattformen wie Bookbub, FreeBooksy, oder BargainBooksy lassen sich ihre entsprechenden Dienste gut bezahlen. Im deutschsprachigen

Raum können Sie Preisaktionen vor allem über XTME, Buchdeals, lesen.net und KindofBook bewerben.

Tipp: Falls Sie englischsprachige Bücher in Ihrem Programm haben, finden Sie bei David Gaughran eine laufend aktualisierte Liste empfehlenswerter „Promo Sites“ auf https://davidgaughran.com/best-promo-sites-books/.

Bevor auch Sie diesem Preisrausch verfallen – wobei ich nicht sicher bin, ob diese Preis-rauf-runter-kostenlos-Taktik bei Autoren im DACH-Raum und beim deutschsprachigen Publikum tatsächlich genauso erfolgreich wäre/ist –, prüfen Sie, welche Maßnahmen überhaupt für Sie realisierbar sind. Gerade für fortgeschrittenere Preisaktion benötigen Sie (viel) mehr als nur ein Buch. Aber vielleicht finden Sie in der folgenden Liste preisbezogener Aktionen trotzdem etwas, das Sie auch in Ihrer aktuellen Situation schon angehen können:

1. Kleine Gratisgeschenke gegen E-Mail-Adressen

Besonders im englischsprachigen Raum erhält man beim Abonnement eines Newsletters oft und gerne ein kostenloses E-Book, auch als Reader Magnet oder Freebie bezeichnet. Dabei kann es sich um eine Kurzgeschichte oder einen Kurzroman aus Ihrem Genre, die Ergebnisse eines Quiz rund um die Inhalte Ihrer Bücher, ein Bonuskapitel, gestrichene Szenen oder ein alternatives Ende zu einem Ihrer Bücher oder aber, für Sachbuchautoren, eine Checkliste oder Vorlage handeln. Sie können ein solches

Freebie in jedem Ihrer Bücher, auf Ihrer Website, in Ihren Profilen in den Sozialen Medien, etc. anpreisen, um kontinuierlich Newsletter-Abonnenten und potentielle Käufer Ihrer Bücher anzulocken. Den Link zur E-Book-Datei können Sie automatisiert über einen Newsletter-Dienstleister oder einen externen Anbieter, wie BookFunnel, versenden.

2. Gratisroman bzw. Staffelpreise: nur für Autoren, die bereits mehrere Bücher einer Reihe oder Serie veröffentlicht haben

Bieten Sie Band 1 kostenlos oder sehr günstig an, um Lesern den Einstieg in ihre Reihe zu erleichtern. Wenn ihnen der erste Band gefällt, werden sie mit ein bisschen Glück auch die restlichen Bücher kaufen. Diese Strategie würde ich persönlich, und auch je nach Genre, in dem Sie schreiben, nur bei längeren Buchreihen (mindestens fünf Bände) oder in Form eines Sammelbands aller ersten Bände verschiedener Reihen ausprobieren. Letzteres bietet sich zusätzlich als schöne Marketingmöglichkeit für Serien verschiedener Autorinnen aus demselben Genre an.

3. Temporäre Preisaktionen für einzelne E-Books oder Sammelbände

Besonders beliebt im englischsprachigen Markt, können Preisaktionen während der Vorbestellphase, am Tag der Veröffentlichung oder zwischendurch, wenn die Verkäufe nachlassen, zu einem ordentlichen Schub führen, vor allem wenn sie mit Werbeaktionen auf Preisportalen wie XTME, BuchDeals etc. an die Leserschaft verbreitet werden.

Wenn man nicht exklusiv bei Amazon veröffentlicht

und mehrere Portale für den Zeitraum der Preisaktion koordinieren muss, ist solch eine Maßnahme allerdings gerade in Deutschland nicht immer einfach durchzuführen. Aufgrund der Buchpreisbindung muss der Preis für dieselbe Ausgabeform, egal ob E-Book, gedrucktes Buch oder Hörbuch, überall gleich sein. Die Anpassung an einen reduzierten Preis wird aber nicht von allen Plattformen gleich schnell vorgenommen, so dass es hier zu Verzögerungen der Aktion kommen kann. Eventuell geplante und teuer bezahlte Rabattankündigungen auf den hiesigen Preisportalen verfehlen dadurch möglicherweise einen Teil ihrer Wirkung.

In deutschen Kreisen mehren sich in letzter Zeit zudem die Zweifel, ob sich solche Preisaktionen tatsächlich noch lohnen. Zu überlegen ist hier auch immer, ob man durch solche Schnäppchenpreise nicht die falsche Kundschaft anzieht und sich dadurch mittelfristig schlechte Bewertungen einhandelt, weil die Zielgruppe nicht für Ihr Buch passte.

4. Werbung auf den Tolino-Plattformen

Wenn Sie bei Tolino veröffentlichen, können Sie dort kostenlose Anzeigen bei Händlern aus der Tolino-Allianz, vor allem Thalia, anfragen, um Ihre Neuerscheinung anzukündigen oder bereits veröffentlichten Werken neuen Schwung zu geben. Das Tolino-Team wird Ihnen dann relevante und verfügbare Werbeplätze reservieren. Rechnen Sie mit einer Vorlaufzeit von etwa drei bis vier Monaten.

5. Bezahlte Werbung, etwa Facebook-Anzeigen oder Amazon Ads

Bedenken Sie dabei folgende drei Aspekte:

- Ihr Buch muss professionell aussehen, d. h. Titel, Cover, Klappentext und lektorierter, ordentlich gesetzter Inhalt müssen zwingend vorhanden sein. Keine Werbemaßnahme der Welt verkauft ein schlechtes Buch.
- Richtig effizient funktionieren Anzeigen erst, wenn sie Kunden dazu bringen, nicht nur das eigentlich beworbene Buch zu kaufen, sondern auch noch weitere Bücher von Ihnen. Dazu müssen Sie also bereits einige Veröffentlichungen, eine sogenannte Backlist, vorweisen können. Neulinge stecken ihr Geld lieber in die professionelle Buchausstattung und weitere Bücher.
- Sie müssen wissen, was Sie tun, und ein gewisses Budget zur Verfügung haben. Zusätzlich zu den reinen Werbekosten, die Ihnen auf Plattformen wie Amazon und Facebook angezeigt werden, kommt übrigens bei der Abrechnung noch die Mehrwertsteuer hinzu. Als Kleinunternehmer schmerzt das. Auch der Umsatz, der beispielsweise bei Amazon in der Kampagne angezeigt wird, entspricht nicht ganz dem, was am Ende bei Ihnen ankommt, denn Amazon zieht vom Umsatz noch seine Marge ab.

Interviews

Neben interessierten Medienleuten, wie etwa beim Interview in der Lokalpresse, finden auch andere Menschen ein Gespräch mit Ihnen interessant. Stehen Sie also Ihren Fans in einem Live-Webinar Rede und Antwort oder unterhalten Sie sich über ein bestimmtes Thema live mit Autorenkollegen.

Kooperationen

Tun Sie sich mit Leuten zusammen, mit denen Sie etwas gemeinsam haben! Schreiben Sie im selben Genre oder über dieselben Themen? Haben Sie denselben Wohnsitz? Dann bieten sich folgende Maßnahmen an:

- gegenseitige Bücherwerbung, etwa auf Ihren Websites, in Ihren Newslettern oder auf Ihren Social-Media-Profilen, insbesondere bei Neuerscheinungen
- gemeinsame Buchboxen (E-Book-Sammelbände), entweder kostenpflichtig mit jeweils einem Ihrer Romane oder kostenlos mit Ihren jeweiligen Reader Magnets (Gratis-E-Books für Newsletter-Abonnenten); solche Sammelbände werden auch gerne über Preisaktionen (siehe weiter unten) beworben
- gemeinsame Messestände, um volle Präsenz bei geteilten Kosten zu haben
- gemeinsame Diskussionsrunden, Workshops oder Lesungen, insbesondere vor Ort

Nehmen Sie außerdem mit Ihren Ziellokalitäten und anvisierten Ansprechpartnern unverbindlich Kontakt auf, um Möglichkeiten für Lesungen, die Auslage von Flyern etc. zu besprechen.

Lesungen

Wenn es etwas gibt, auf das ich mich nach der Veröffentlichung besonders freue, dann sind es die Lesungen. Manchen mag davor grauen, weil sie nicht gerne vor Publikum stehen, weil sie finden, dass sie eine schreckliche Stimme haben, weil sie nicht gerne vorlesen oder aus welchen Gründen auch immer, aber Lesungen sind eine exzellente Gelegenheit, um direkt mit Lesern in Kontakt zu kommen. Bedenken Sie außerdem: Die Leute kommen zu Ihrer Lesung, um gerade Sie lesen zu hören!

Es gibt unzählige Seiten mit Tipps zum Vorbereiten einer selbst organisierten Lesung. Wichtig ist vor allem,

- sich einen passenden Ort auszusuchen,
- vorher die Technik (Tisch, Stuhl, Mikrofon, Licht, Getränke, Büchertisch, etc.) abzuklären,
- sich zwei bis maximal vier Stellen (je nach Länge der Lesung) aus dem Buch zu suchen, die spannend sind, aber nicht zu viel verraten,
- sowie eventuell schriftlich den Ablauf der gesamten Lesung zu planen.

Eine Lesung dauert üblicherweise zwischen 15 bis 30 Minuten, etwa auf einer Messe, und ca. ein bis anderthalb Stunden, beispielsweise in einem speziell für Sie reservierten Vorleseort, plus etwaige Zeit für Fragen des Publikums.

Der VS (Verband deutscher Schriftstellerinnen und Schriftsteller) empfiehlt übrigens ein Regelhonorar von mittlerweile 500 € (!) pro Lesung, plus Mehrwertsteuer plus Spesen. Das ist gerade bei Neuautoren nicht immer durchzusetzen, sollte in Ihnen aber einen gewissen Widerwillen wecken, solch eine Veranstaltung grundsätzlich gratis anzubieten. Ein großer Name macht noch lange keine gute Lesung, und vorbereiten müssen Sie Ihre Lesung genauso wie die Großen, wahrscheinlich sogar mehr, wenn Ihnen die Routine, vor allem aber der finanziell und marketingtechnisch unterstützende Verlag fehlen.

Tipp: Gönnen Sie sich – und Ihren Zuhörern – einen Sprecherkurs bei einem Sprech- und Stimmtrainer! Wem ein Kurs zu teuer ist oder wer keinen Stimmtrainer vor Ort hat, der kann seine Sprech- und Vorlesetechnik auch mit Videos zu Stimm- und Sprechübungen verbessern.

Jetzt haben Sie eine ganze Menge Maßnahmen an der Hand, die Sie ausprobieren können. Vergessen Sie aber vor lauter Marketing nicht, an Ihr nächstes Manuskript zu denken! Nach dem Buch ist vor dem Buch.

Wenn Sie sich nicht sicher sind über die allgemeine Vorgehensweise oder die einzelnen Schritte des Buchmarketing, könnte ein Kurs für Sie sinnvoll sein, um eine Anleitung und Rückfragemöglichkeiten zu erhalten. Es gibt mittlerweile auch in Deutschland eine wachsende

Anzahl an Kursen und Weiterbildungen zu diesem Thema. Alternativ gibt es zahlreiche Bücher über Marketing für Autoren. Und wenn alle Stricke reißen, gibt es immer noch die Mitschreibenden im Autorenforum, die Fragen beantworten können. Vernetzen lohnt sich also auf alle Fälle!

ABSCHLUSSAUFGABE

Gehen Sie die Liste der Marketing-Vorschläge durch und suchen Sie sich Ihre Favoriten heraus! Stellen Sie einen Marketing-Fahrplan auf, mit dem Sie Ihre Aktivitäten vor und nach der Veröffentlichung Ihres Buches zeitlich festlegen, krempeln Sie die Ärmel hoch und legen Sie los!

3

AUTOREN-WEBSITE

Im vorigen Abschnitt haben Sie sich aus den verschiedenen Online- und Offline-Marketing-Taktiken Ihre Favoriten herausgesucht und vielleicht sogar schon einen Plan aufgestellt. Ein zentrales Element in jeder Online-Marketing-Strategie ist dabei eine eigene Website, und wenn Sie bis jetzt noch keine haben, ist dies ein guter Zeitpunkt, Ihren eigenen Internet-Auftritt zu entwerfen.

BRAUCHE ICH ÜBERHAUPT EINE WEBSITE?

Sie sind gut vernetzt oder arbeiten lieber offline, wozu also eine Autoren-Website? Überlegen Sie Folgendes:

- Sollen Interessenten als Ergebnis einer Suche im Internet wirklich als Erstes Ihre private Facebook-Seite oder Ihr Business-Profil auf XING sehen? Letzteres mag für Sachbuchautoren in Ordnung sein, aber wenn Sie Belletristik schreiben, kommen Sie und Ihre Romane dort nicht wirklich optimal daher.
- Wenn Sie mehr über einen Autor oder sein Buch erfahren wollen, als auf dessen Amazon-Profilseite zu sehen ist, würden Sie dann nicht nach der Website des Autors suchen?
- Möchten Sie, dass Interessenten durch ähnliche Bücher – die teilweise nicht wirklich

so ähnlich sind – oder gesponserte Buchanzeigen und Werbung abgelenkt werden?
- Wie wollen Sie auf anderen Plattformen sicherstellen, dass Ihre Informationen und Ankündigungen nach einem Tag, einer Woche, einem Monat noch auffindbar sind?

Ihre Website können Sie genau auf Ihre zukünftigen Leser, Ihr Buch und sich selbst zuschneiden. Nichts lenkt Interessenten von Ihnen und Ihrem Buch ab – keine fremden „Leser kauften auch"-Bücherlisten, keine störende Werbung in der Seitenleiste, keine eingeschränkten Darstellungsmöglichkeiten. Sie bestimmen selbst, was dort steht, wie es präsentiert wird und wie lange es dort sichtbar bleibt – nicht irgendein Großkonzern.

Mittel- bis langfristig kommen Sie weder als Verlagsautorin noch als Selfpublisher um eine Website herum, wenn Sie mit dem Schreiben professionell Geld verdienen wollen. Warum also nicht schon jetzt starten?

Keine Angst! Ihre Website muss kein mehrseitiges, voll durchgestyltes Monster sein. Am Anfang reicht schon eine einfache, einseitige Homepage, vielleicht sogar nur vom Newsletter-Anbieter, mit ein paar Details zu Autor, Buch und Kontaktinfos bzw. dem Aufruf, sich für den Newsletter einzutragen.

WAS SOLLTE EINE AUTOREN-WEBSITE BIETEN?

Typische Elemente einer Autorenseite beinhalten:

- Startseite mit Ihrem Slogan, d. h. mindestens Ihrem Namen und Genre – Berta Fröhlich, Liebesromane zum Schmunzeln, oder ähnliches –, Ihrem neuesten oder demnächst erscheinenden Roman und einer Handlungsaufforderung, beispielsweise um das Buch zu kaufen oder sich für Ihren Newsletter einzutragen. Besucher – und Suchmaschinen bzw. KI-Bots – sollten auf den ersten Blick erkennen können, dass es sich um eine Autorenseite handelt und in welchem Genre Sie schreiben. Wählen Sie Farben, Schriftarten und Bilder/Texte entsprechend.
- Über mich – Informationen über Sie, typischerweise mit der Beantwortung der

Fragen: Wie kam ich zum Schreiben? Warum schreibe ich? Was schreibe ich?

- Bücherseite mit den Covern all Ihrer Bücher und je eine einzelne Seite mit Buchcover und allen Informationen zu jedem (!) Ihrer Bücher: Titel, Pitch bzw. Klappentext, eventuell Leseprobe, Formate, ISBN, Preise und Zusatzmaterialien – Rezensionen, Karten, etc. – und auf alle Fälle Kauf-Link(s) – Letztere gehen am saubersten mit Universal Book Links (UBLs), die jeden Kunden zu seiner persönlichen Lieblingsbuchhandlung weiterleiten.
- Kontaktformular oder Vernetzungsmöglichkeiten (Links zu Social-Media-Profilen)
- Möglichkeit, einen Newsletter zu abonnieren
- optional bzw. sobald vorhanden: Blog; Terminübersicht mit Lesungen, Messeauftritten oder ähnlichem; Auszüge aus Rezensionen und Leserkommentaren
- rechtlich zwingend erforderlich: Impressum, Datenschutzerklärung und Cookie-Banner

EINRICHTEN IHRER WEBSITE

Weder das Einrichten noch die Pflege einer Website stellen heutzutage Hürden dar, die nicht mit einigen Tricks und Hilfsmitteln überwunden werden können, selbst wenn Sie eher technophob veranlagt sind.

Für die Erstellung Ihre Autoren-Website können Sie entweder **Baukastensysteme**, beispielsweise von Jimdo, Wix oder IONOS, nutzen oder direkt mit einem **Content-Management-System (CMS)** wie WordPress oder Joomla! arbeiten.

Vorteile eines Baukastensystems

- meist kostenlos
- einfach zu handhaben
- schnell aufzusetzen
- leicht zu verwalten

Nachteile eines Baukastensystems

- eingeschränkte oder nur über zusätzliche Kosten erhältliche Funktionalität
- Absicherung Ihrer Website nicht immer gegeben (keine Backup-Funktion)
- Manche Anbieter hängen an die Adresse Ihrer Website (Domain; oft der Autorenname) eine Endung wie jimdofree.de an, was wenig professionell aussieht.
- Ein späterer Umstieg auf ein anderes System kann umständlich sein.

Vorteile eines CMS

- werbefrei und mit eigener Domain nutzbar
- zahlreiche Designvorlagen für Websites und deren Unterseiten
- sehr flexibel
- Funktionalität größtenteils kostenlos und je nach Bedarf ausbaubar

Nachteile eines CMS

- Kosten
- steilere Lernkurve als bei Baukastensystemen
- Die Menge an Gestaltungsmöglichkeiten kann überwältigend sein.
- Zusätzliche Funktionen müssen selbst gesucht, ausprobiert und implementiert werden. Ein

wenig technisches Verständnis schadet hier nicht.

Für was Sie sich auch entscheiden, es gibt mittlerweile an jeder Ecke Hilfe für Probleme bei der Erstellung von Websites. Schauen Sie sich also einfach einige der Systeme an und nehmen Sie das, was Ihnen für Ihre Zwecke am meisten zusagt. Eine kleine Website mit wenigen Inhalten lässt sich immer relativ schnell zu einem anderen System migrieren, notfalls durch manuelles und einzelnes Kopieren der Inhalte, wenn keine andere Möglichkeit besteht.

Tipp: Das weltweit mit Abstand beliebteste CMS ist WordPress. Es ist einfach und schnell zu bedienen und bietet durch zahlreiche Vorlagen (Templates) und Plugins vielfältige Gestaltungs-, Funktions- und Absicherungsmöglichkeiten. Je nach Webhoster muss eine flexible und mit Ihrer Autorenkarriere mitwachsende CMS-Lösung auch gar nicht teuer sein. Selbst die kleinste Lösung regulärer Hosting-Anbieter wird vom Speicherplatz und der Geschwindigkeit locker für den Anfang ausreichen und kostet Sie weniger als 100 € im Jahr inklusive Domain.

Sie haben weder Zeit noch Nerven zum Entwerfen Ihrer Website? Dann geben Sie das Ganze an einen **Webdesigner** ab! Das ist mit Abstand die teuerste Option, aber auch die beste Möglichkeit, von Anfang an ein umfassendes und professionelles Ergebnis zu erzielen. Für den Anfang brauchen Sie keinen Spitzen-Designer. Schauen Sie stattdessen, ob jemand aus Ihrem Bekanntenkreis ausreichend Erfahrung auf diesem Gebiet hat und Ihren Geldbeutel weniger strapaziert, fragen Sie nach Empfehlungen oder suchen Sie im Internet nach „Website erstellen lassen" oder „Webdesign", gegebenenfalls mit Ihrem Wohnort dahinter, um Webdesigner vor Ort zu finden. Beachten Sie bei dieser Option noch, dass Sie nach Übernehmen der fertigen Website diese weiterhin mit Inhalten füllen oder eventuell gewisse Funktionen ergänzen oder abschalten müssen. Können oder wollen Sie das nicht selbst machen, müssen Sie jedes Mal auf den Designer zurückgreifen – und ihn natürlich bezahlen.

Aufgabe: Überlegen Sie, welche Lösung im Moment am einfachsten und besten für Sie ist und richten Sie das Grundgerüst Ihrer Website ein!

Sicherheit

Bevor Sie Ihre Website mit wertvollen Inhalten befüllen, sollten Sie sicherstellen, dass Ihre Online-Präsenz gegen unerlaubte Zugriffe und Datenverlust abgesichert ist. Wie machen Sie das? Dazu benötigen Sie zwei Dinge: 1. ein bombensicheres Passwort und 2. eine Backup-Lösung.

1. Passwort

Wenn Sie nur eine einzige Sicherheitsmaßnahme für Ihre gesamte Website beherzigen, dann diese: **Wählen Sie ein ausreichend starkes, langes und kompliziertes Passwort!**

Warum? Sie glauben gar nicht, wie viele Leute sich für Ihre noch so kleine Website interessieren! Schlagen Sie unliebsamen Gästen die Tür vor der Nase zu und wählen Sie ein Passwort, das aus **allen** folgenden vier Komponenten besteht:

- mindestens 20 Zeichen lang
- Groß- und Kleinbuchstaben
- Zahlen
- Sonderzeichen

Ja, das ergibt ein Ungetüm, aber nur solch ein Monster schützt Sie wirksam vor automatisierten und hartnäckigen Login-Versuchen digitaler Eindringlinge.

Wenn Sie sich das Passwort nicht merken können, nutzen Sie einen Passwortmanager, also eine kleine Software oder App, die das Passwort verschlüsselt auf Ihrem Rechner speichert.

Aufgabe: Wählen Sie ein Passwort, an dem sich die Hacker die Zähne ausbeißen!

---

2. Regelmäßiges (!) Backup

Stellen Sie sich vor, Ihre Website ist eines Tages nicht mehr aufrufbar oder einige Informationen sind aus unerklärlichen Gründen verschwunden. Da wäre es doch praktisch, eine funktionierende und vollständige Sicherheitskopie zu haben, die Sie einfach wiederherstellen und damit Ihre Website wieder ans Laufen bekommen können, oder? Und genau deshalb sollten Sie immer mal wieder ein Backup anlegen, das sämtliche Inhalte und Konfigurationen, etwa Design, Farben und Schriften oder installierte Plugins, speichert.

Normalerweise stellt Ihr Baukastenanbieter oder Ihr Webhoster Ihnen eine solche Möglichkeit in der Verwaltungsoberfläche für Ihre Website bzw. in Ihrem Kundenkonto zur Verfügung. Wenn Sie ein CMS nutzen, können Sie auch ein Backup-Plugin installieren.

Idealerweise können Sie den Vorgang des Backups automatisieren, so dass es in regelmäßigen Abständen ausgeführt wird und Sie sich nicht weiter darum kümmern müssen. Je nachdem wie häufig sich die Inhalte – etwa Beiträge, Bilder, audio-visuelles Material, Seiten, Menüeinträge – oder die Konfiguration Ihrer Website – beispielsweise verwendetes Theme, installierte Plugins, Layout – ändern, sollten Sie das Intervall kürzer oder länger wählen. Arbeiten Sie regelmäßig an Ihrer Website, sollten Sie alle paar Tage, gegebenenfalls sogar täglich, ein Backup erstellen. Wenn es auf Ihrer Website gemächlicher zugeht, reicht ein wöchentliches, zweiwöchentliches oder gar monatliches Backup. Notfalls stoßen Sie ein zusätzliches Backup von Hand an, wenn Sie einmal mehr als gewohnt geändert haben.

Da ein Backup nur so gut ist wie die wiederhergestellte Datei, sollten Sie ab und zu auch den umgekehrten Vorgang testen, indem Sie die Backup-Datei über die entsprechende Restore-Funktion in der Verwaltungsoberfläche wiederherstellen.

Tipp: Es empfiehlt sich, auch vor Aktualisierungen und größeren Konfigurationsänderungen, etwa Installation von Plugins oder Auswählen eines anderen Themes, immer ein Backup anzulegen, damit man notfalls das System wieder in seinem (funktionierenden) Ursprungszustand wiederherstellen kann.

Aufgabe: Legen Sie über die Verwaltungsoberfläche oder ein entsprechendes Plugin ein Backup an bzw. konfigurieren Sie ein automatisches Backup, um Ihre Website vor Ausfällen zu sichern!

Damit ist Ihre Autoren-Website eingerichtet und abgesichert. Legen Sie los und füllen Sie sie mit Inhalten! Beachten Sie dabei die Ausführungen im folgenden Abschnitt!

Grundgerüst und rechtliche Absicherung

Haftungsausschluss: Die folgenden Angaben zu rechtlichen Aspekten bei der Einrichtung einer Website und eines Newsletters sind keine Rechtsberatung, sondern sollen Autoren einen Überblick geben, wie sie die gesetzlichen Vorschriften mit geeigneten Mitteln umsetzen. Bei Fragen und für absolute Rechtssicherheit sollten Sie immer einen Rechtsanwalt zu Rate ziehen!

Die ersten Inhalte, die Sie erstellen sollten, sind nicht etwa Beiträge über Sie und Ihre Bücher, sondern umfassen das Grundgerüst Ihrer Website, das die folgenden Elemente beinhalten muss:

- Menüstruktur der Website sowie zu den Menüeinträgen gehörige Seiten
- Impressum
- Datenschutzseite
- Cookie-Einwilligung
- Verträge zur Auftragsverarbeitung

Überlegen Sie sich, in welche Unterseiten Ihre Website aufgeteilt ist – orientieren Sie sich dabei an den typischen Elementen einer Autorenseite, die ich weiter oben unter **Was sollte eine Autoren-Website bieten** angeführt habe.

Auch Impressum, Datenschutzseite und der Hinweis auf etwaige Cookies müssen vollständig vorliegen. Das

Impressum sollte sich nicht ändern, es sei denn Sie ziehen um oder übergeben die Verwaltung der Website jemand anderem. Ihre Datenschutzseite sollten Sie immer dann überprüfen, wenn Sie neue Funktionen oder Plugins auf Ihrer Website aktivieren, etwa Analysesoftware, Social-Media-Schaltflächen, die Kommentarfunktion oder einen Newsletter-Dienst. Auch die Cookie-Einwilligung sollten Sie in solch einem Fall anpassen, falls Sie Cookie-basierte Funktionen wie die genannten Social-Media-Schaltflächen oder auch regelmäßig erscheinende Einwilligungsformulare an- oder abschalten.

Alle Anbieter, die Sie in irgendeiner Form für Ihre Website nutzen, also etwa Ihr Webhoster oder Newsletter-Anbieter, müssen Sie laut den Vorgaben der Datenschutz-Grundverordnung (DSGVO) in einer Liste aufführen, dem sogenannten „Verzeichnis von Verarbeitungstätigkeiten", um jederzeit nachweisen zu können, welche Daten Sie oder einer Ihrer Dienstleister sammeln und was mit den Daten geschieht, etwa Speichern, Auswerten oder Löschen. Eine Vorlage finden Sie auf www.bfdi.de (Website des Bundesbeauftragten für den Datenschutz und die Informationsfreiheit). Suchen Sie dort nach „Muster zum Verarbeitungsverzeichnis Verantwortlicher".

Fragen Sie dazu bei den Anbietern nach einem **Auftragsverarbeitungsvertrag, kurz AV-Vertrag, (englisch DPA – Data-Processing Agreement)**, füllen Sie ihn aus und unterschreiben Sie ihn. Auf www.blogmojo.de/av-vertraege finden Sie eine ausführliche Liste mit über 200 Auftragsverarbeitern mit direktem Link zum AV-Vertrag.

Wenn Sie einen ausländischen Anbieter nutzen, achten Sie darauf, dass er die Sicherheitsstandards gemäß deutschem Datenschutzrecht in Form von Standardvertragsklauseln (Standard Contractual Clauses, SCC) einhält.

Tools zur Umsetzung gesetzlicher Vorschriften

DSGVO-kompatible Generatoren für Impressum und Datenschutzerklärung finden Sie auf folgenden Seiten:

Impressum

- datenschutz-generator.de (Rechtsanwaltskanzlei Dr. Schwenke; für Privatpersonen und Kleinunternehmen bis 5.000 Euro Jahresumsatz kostenlos)
- www.e-recht24.de: unter dem Menüpunkt *Tools – Impressum-Generator*

Datenschutzerklärung

- datenschutz-generator.de (Rechtsanwaltskanzlei Dr. Schwenke; für Privatpersonen und Kleinunternehmen bis 5.000 Euro Jahresumsatz kostenlos)
- dg-datenschutz.de: unter dem Menüpunkt *Datenschutzerklärungs-Generator* (zur Verfügung gestellt durch die DGD Deutsche Gesellschaft für Datenschutz GmbH in Zusammenarbeit mit der Rechtsanwaltskanzlei WILDE BEUGER SOLMECKE Partnerschaft mbB)

Cookie-Einwilligung

Bei Baukastensystemen sind zur Erfüllung der rechtlichen Vorschriften Vorlagen für Cookie-Banner integriert. Bei CMS wie WordPress müssen Sie sich selbst um das Cookie-Banner kümmern. Suchen Sie dazu auf der Anbieterseite oder im Internet nach passenden Lösungen. Achten Sie darauf, dass das Plugin explizit die Einwilligung des Nutzers in die Verarbeitung seiner Daten einfordert und genau aufführt, welche Cookies zu welchem Zweck gesetzt werden, anstatt nur einen Hinweis darauf zu geben, dass Ihre Website Cookies verwendet.

Sonderfall AGB

Falls Sie irgendwann Online-Kurse, Bücher oder andere Produkte und Dienstleistungen über Ihre Seite verkaufen wollen, brauchen Sie möglicherweise Allgemeine Geschäftsbedingungen (AGB). Es gibt AGB-Generatoren online, doch generell wird empfohlen, Geschäftsbedingungen individuell zu erstellen, da es zahlreiche Regeln zu beachten gibt. Reden Sie in dem Fall unbedingt mit einem Anwalt.

Checkliste zur Mediennutzung auf Ihrer Website

1. Besitzen Sie die Rechte an der Nutzung von Bildern, Audio und Video, die nicht von Ihnen selbst stammen?
2. Welche Vorschriften müssen Sie gemäß der Nutzungslizenz erfüllen? Ist beispielsweise

keine Nennung notwendig, auch nicht für den kommerziellen Gebrauch? Oder müssen Sie die Quelle und gegebenenfalls auch den Namen des Fotografen angeben?

3. Sind alle Medien sinnvoll beschriftet (Titel, Beschriftung, Alternativtext), so dass

- Sie selbst ein bestimmtes Bild oder Foto leicht in Ihrer WordPress-Mediathek finden,
- das Bild beim Auftauchen in der Bildersuche einer öffentlichen Suchmaschine einen selbsterklärenden Titel oder eine entsprechende Beschriftung aufweist,
- jedes Bild oder Video im Falle von Darstellungsproblemen oder für den barrierefreien Zugriff auf Ihre Website durch eine passende Beschreibung des nicht verfügbaren Inhalts ersetzt wird?

DSGVO-Check Ihrer Website

Prinzipiell gilt: Sie sollten nur so viele Daten wie nötig und nur so wenige Daten wie möglich von den Besuchern Ihrer Website sammeln, um die Funktion und den Nutzen Ihrer Website zu gewährleisten. Außerdem müssen Sie in Ihrer **Datenschutzerklärung** auflisten, welche Daten Sie zu welchem Zweck sammeln und wie die Daten geschützt werden.

Wenn Sie beispielsweise einen Newsletter aussenden wollen, benötigen Sie dazu weder Vor- noch Nachname des neuen Abonnenten, sondern lediglich die E-Mail-

Adresse. Sie können zwar andere Details abfragen, aber das Ausfüllen dieser Felder darf nur freiwillig erfolgen.

Tipp: Im Anhang dieses Buches finden Sie eine **4-Punkte-Checkliste für Ihre Website**, mit der Sie die oben besprochenen Punkte Schritt für Schritt abarbeiten bzw. während der Gestaltung Ihrer Website abhaken können. Auf der Webseite zu diesem Buch auf www.birgitconstant.de erhalten Sie die Checkliste auch als PDF.

Aufgabe: Entwerfen Sie die Seitenstruktur Ihrer Autoren-Website, erstellen Sie die Seiten für Impressum und Datenschutz und legen Sie Ihr Auftragsverarbeitungsverzeichnis an! Schreiben Sie dann noch eine schöne „Über mich"-Seite und stellen Sie auf einer anderen Seite Ihre Bücher oder Projekte vor! Damit ist die erste Version Ihrer digitalen Visitenkarte fertig.

NEWSLETTER UND E-MAIL-MARKETING

Brauchen Sie einen Newsletter? Eindeutig jein. Am Anfang sicher nicht; später wahrscheinlich schon.

Mit dem Newsletter haben Sie ein schönes Instrument an der Hand, um Interessenten einen Mehrwert zu bieten, der über die Informationen auf Ihrer Website – und auch denen auf Ihren Social-Media-Profilen – hinausgeht. Das könnte beispielsweise folgende Bereiche betreffen:

- Erhalten Ihre Abonnenten Einblicke, wie Sie einen Roman schreiben, welches großartige Schreibprogramm Sie benutzen oder was Ihre nächsten Projekte sind?
- Vielleicht verlosen Sie auch ein Exemplar Ihres neuen Buches oder Gutscheine für einen Ihrer Schreibkurse?
- Oder Sie geben einen Überblick über Ihre

neuesten Blogbeiträge und worüber Sie sonst gerade schreiben?

Lassen Sie Ihrer Fantasie freien Lauf bzw. schauen Sie, welche Inhalte besonders gut ankommen.

Wenn Sie nicht gerade von 0 auf 100 starten und vor Schreibzeit und Ideen platzen, dann warten Sie noch mit dem Einrichten eines Newsletters, denn auch das kostet Zeit, die Ihnen für das Schreiben von Büchern und Geschichten fehlt. Wenn Ihr erstes großes Werk erscheint oder Sie schon einige kleinere Veröffentlichungen angesammelt haben, sollten Sie über einen Newsletter nachdenken, um eine Liste interessierter Besucher zur Vermarktung Ihrer Bücher zu erstellen.

Tipp: Newsletter und E-Mail-Marketing sind im englischsprachigen Raum ein wichtiger Bestandteil des Autorenlebens. Aus eigenen Beobachtungen und Gesprächen mit anderen Schreibenden weiß ich, dass dieser Enthusiasmus auf deutschsprachigem Gebiet nicht notwendigerweise auf Gegenliebe stößt. Freuen Sie sich also über wachsende Abonnentenzahlen, aber verzweifeln Sie auch nicht, wenn mal einer abspringt – und das wird früher oder später unweigerlich geschehen – oder wenn die Anmeldungen stagnieren bzw. ganz ausbleiben.

Einrichten eines Newsletters

Zum Einrichten eines Newsletters benötigen Sie zwei Dinge: einen Newsletter-Anbieter und ein Einwilligungs(Opt-in)-Formular.

1. Einen Newsletter-Anbieter auswählen

Zu den bekanntesten Anbietern gehören Mailchimp, Cleverreach, ActiveCampaign, Brevo (ehemals SendinBlue/Newsletter2Go) und MailerLite. Eine Suche nach „Newsletter-Tools“ oder „Newsletter-Software“ liefert Ihnen zahlreiche Ergebnisse mit Listen, Tests und Vergleichen.

Welche Software Ihnen liegt, müssen Sie austesten. Wie so viele, die erst einmal mit einem kostenlosen Anbieter starten wollen, fiel meine Wahl auch aus Gründen der Benutzerfreundlichkeit und der Zustellbarkeit anfangs auf MailChimp. Mittlerweile bin ich wegen DSGVO-Bedenken auf MailerLite, einen europäischen Anbieter, gewechselt, auch wenn MailChimps Standardvertragsklauseln meines Wissens DSGVO-konform sind. Aber sicher ist sicher.

Achtung: Egal, welches Tool Sie in Betracht ziehen, achten Sie unbedingt darauf, dass es DSGVO-kompatibel ist! Was heißt das?

1. Der Datenschutz beim Newsletter-Anbieter entspricht den gesetzlichen Vorgaben Deutschlands.

2. Es muss ein Double-Opt-In möglich sein, d. h. der Kunde muss seine erstmals gegebene Einwilligung zum Erhalt eines Newsletters ein zweites Mal bestätigen. Bei manchen – nicht nur amerikanischen – Anbietern müssen Sie diese Option manuell auswählen, obwohl sie für Deutschland Standard sein sollte.
3. Die Einverständniserklärung des Abonnenten muss nachweisbar sein. Allein durch die Nutzung eines speziellen Tools für diesen Zweck anstelle Ihres normalen E-Mail-Programms ist dieser Aspekt normalerweise erfüllt.
4. Sie müssen einen AV-Vertrag – siehe oben unter **DSGVO-Check Ihrer Website** – mit dem Anbieter abschließen und alle Details in Ihr Verarbeitungsverzeichnis aufnehmen. Bei den meisten Anbietern können Sie sich ein entsprechendes Formular zum Unterschreiben herunterladen oder sogar digital unterzeichnen.
5. Sie müssen Ihre Datenschutzerklärung um die Angaben zum Newsletter-Anbieter erweitern und sicherstellen, dass der Abonnent diese zur Kenntnis genommen hat. Teilweise erhalten Sie vom Anbieter Ergänzungen, die Sie in Ihre Datenschutzerklärung einfügen können. Andernfalls erweitern Sie sie mithilfe eines der oben unter **Empfehlenswerte Tools** genannten Generatoren. Ihre angepasste

Datenschutzerklärung verlinken Sie dann gut sichtbar in jedem Einwilligungsformular.

Generell sind Sie mit einem deutschen oder europäischen Anbieter wie Cleverreach, SendinBlue oder auch MailerLite in Hinblick auf die DSGVO auf der sicheren Seite. Das sollte Sie aber nicht davon abhalten, die amerikanische Konkurrenz unter die Lupe zu nehmen, denn auch beispielsweise MailChimp oder GetResponse bieten entsprechende Garantien.

2. Ein Einwilligungsformular erstellen

Damit Interessenten Ihren Newsletter abonnieren können, brauchen Sie ein entsprechendes Formular. Dieses können Sie auf eine der folgenden drei Arten entwerfen:

1. In der Verwaltungsoberfläche Ihres Newsletter-Tools: Jeder Newsletter-Anbieter bietet im Allgemeinen Vorlagen an, die Sie beispielsweise innerhalb eines Artikels oder als Dialogfenster (Pop-up) nach einer gewissen Zeit eingeblendet auf einer Ihrer Seiten einbetten können.
2. Durch ein Plugin in WordPress: Für Anbieter wie Brevo, Mailchimp oder CleverReach gibt es Plugins, mit denen Sie ein Einwilligungsformular erstellen und dann mit Ihrem Newsletter-Dienst verbinden können. Manche Anbieter stellen von sich aus ein

Plugin zur Verfügung, etwa SendinBlue. Für andere bekannte Anbieter finden Sie Plugins auf de.wordpress.org. Suchen Sie nach „Newsletter“ oder dem Namen Ihres Anbieters.

3. Über spezialisierte – kostenpflichtige – Software zum Aufbau einer E-Mail-Liste: Wenn Sie mit den bordeigenen, kostenlosen Mitteln Ihres Newsletter-Tools zum Erstellen eines Formulars nicht zufrieden sind und sich mehr Funktionen und Konfigurationsmöglichkeiten wünschen, schauen Sie sich auf diesen Zweck spezialisierte Tools an, etwa Thrive Leads, Leadpages, OptinMonster oder Sumo.

Wichtig für den Erfolg eines Einwilligungsformulars, die sogenannte Konversionsrate (Conversion Rate), also wie viele Besucher tatsächlich das Formular ausfüllen und abschicken, ist ein unwiderstehliches, meist kostenloses Angebot, das Interessenten im Austausch gegen ihre E-Mail-Adresse erhalten – gerne als Freebie oder in Autorenkreisen als sogenannter Reader Magnet bezeichnet. Oft handelt es sich dabei um Checklisten, kleine Ratgeber als PDF bzw. E-Book oder auch E-Mail-Kurse. Für Belletristikautoren bieten sich auch Kurzgeschichten aus der Welt ihrer Bücher, zusätzliche Kapitel oder Figurensteckbriefe an.

Achtung: Nach DSGVO-Vorgaben ist es verboten, Kunden, die ihre E-Mail-Adresse für das kostenlose Produkt eintragen, automatisch in Ihren Newsletter-Verteiler aufzunehmen. Dies erfordert eine gesonderte

Einwilligung, die Sie beispielsweise mit einem anzukreuzenden Kästchen unter dem E-Mail-Adressfeld einholen können.

Checkliste Einwilligungsformular Newsletter

- Nur notwendige Daten als Pflichtfeld abfragen, d. h. normalerweise nur die E-Mail-Adresse. Felder für Vorname, Nachname oder Ähnliches sind möglich – obwohl nicht empfohlen –, aber nur als freiwillige Angabe.
- Der zukünftige Abonnent wird klar und verständlich über Inhalte, Frequenz und Newsletter-Technik informiert: Was verschicken Sie? Wie oft? Welches Newsletter-Tool benutzen Sie? Wie funktioniert die Anmeldung bzw. Abmeldung (Double-Opt-in und Opt-out)? Was werten Sie in Ihrer Newsletter-Software aus (Klick- und Öffnungsraten)? Wie schützen Sie die Daten der Abonnenten (Link zur Datenschutzerklärung)?
- Im Falle eines Gratisgeschenks (Freebie): Möglichkeit, den Newsletter explizit zu abonnieren (freiwillige Auswahl) – sollte der Besucher dieses Kästchen nicht ankreuzen, dürfen Sie ihm keinen Newsletter zuschicken, sondern nur das Freebie!

Das sind viele Informationen, die in einem kleinen Formular sehr unübersichtlich aussehen können. Im oben genannten Beitrag von Rechtsanwalt Dr. Thomas Schwenke zur Einrichtung von Mailchimp lesen Sie, wie Sie alles handlich in Ihr Opt-in-Formular verpacken oder aber auf einer gesonderten Seite gut lesbar präsentieren.

Tipp: Die im vorigen Abschnitt erwähnte **4-Punkte-Checkliste für Ihre Website** (siehe **Anhang**) hilft Ihnen auch beim Überprüfen Ihrer Newsletter-Einrichtung auf DSGVO-Probleme.

Aufgabe: Gehen Sie Ihre Autoren-Website anhand der Checkliste durch und überprüfen Sie, ob Sie noch irgendwo nachbessern müssen!

BLOG – JA ODER NEIN?

Sie haben einen Newsletter und wollen Ihren Abonnenten mehr bieten als nur eine E-Mail, wenn ein neues Buch von Ihnen erscheint? Dann überlegen Sie, ob Sie mittel- bis langfristig einen Blog einrichten.

Gründe für einen Blog

Regelmäßige neue Inhalte freuen Besucher, Abonnenten und natürlich auch die Suchmaschinen, die das Internet nach frischen Informationen durchkämmen.

Insbesondere wenn Sie Sachbücher schreiben, kann ein Blog außerdem dabei helfen, Ihr Fachwissen zu demonstrieren. Aber auch für Belletristikautoren kann sich ein Blog lohnen, um Interessenten Einblicke ins Schreiben, die Welt hinter Ihren Romanen oder Anekdoten aus Ihrem (Autoren-)leben zu bieten.

Gründe gegen einen Blog

Wenn Sie schon mit dem Schreiben Ihres Romans kaum hinterherkommen, ist es kontraproduktiv, gleichzeitig einen Blog anzufangen. Nutzen Sie Ihre Zeit vor allem, um Ihr Buch fertigzustellen. Alles andere muss warten.

Blogrhythmus

Sie haben immer mal wieder kleine Zeitfenster, in denen Sie einen Blogbeitrag schreiben könnten? Dann überlegen Sie, wie häufig und wann sich diese Möglichkeiten ergeben.

Wie bei Social Media stellt sich ein Aufmerksamkeitseffekt umso schneller ein, je regelmäßiger und häufiger Sie Beiträge veröffentlichen, aber steuern Sie von Anfang an eine Frequenz an, die Sie auf lange Sicht und kontinuierlich durchhalten können, vor allem, wenn Sie noch mindestens ein Soziales Netzwerk zusätzlich bespielen (müssen)! Also nicht zwei Monate nichts posten, dann gleich drei Beiträge, dann wieder drei Wochen Ruhe, und so weiter. Lieber wenig, dafür regelmäßig und gehaltvoll posten, als die Leute unzuverlässig mit Neuigkeiten zu versorgen – oder im anderen Extrem sie täglich mit unwichtigen, langweiligen und nichtssagenden Beiträgen zuzuschütten.

Orientieren Sie sich dabei auch an den Rückmeldungen Ihres Zielpublikums: Vielleicht würde es gerne häufiger von Ihnen hören, vielleicht aber auch nicht. Vielleicht hätte es gerne mehr Beiträge über Ihre Romanfiguren. Oder doch lieber mehr Fotos von Ihrem Schreibplatz und Ihrer Autorenkatze.

Über was schreibe ich?

Das ist die große Frage, nicht nur bei Social-Media-Posts, sondern auch bei Blogbeiträgen. Letztere dürfen gerne länger und tiefgreifender als Ihre Posts in den Sozialen Medien sein. Tipps, worüber man bloggen kann, finden Sie im Internet zuhauf. Geben Sie einfach „Über was soll ich bloggen?" ein.

Brauchen Sie einen Plan? Jein. Natürlich können Sie so besser im Voraus sehen, wann Sie wieder einen Beitrag brauchen – und über welches Thema –, aber möglicherweise reicht Ihnen eine Sammlung von Ideen, die Sie in einer Datei anlegen und von denen Sie sich bei Bedarf bedienen. Notieren Sie sich für die Sammlung einfach Ideen, die Ihnen beim Schreiben oder in Ihrem Alltag kommen.

Alternativ können Sie sich auch Anregungen aus Redaktionsplänen für die Sozialen Medien holen. Suchen Sie dazu nach „Social Media Kalender" bzw. „Social Media Kalender {Jahreszahl}".

Annika Bühnemann hat übrigens einen kostenpflichtigen Social-Media-Kalender speziell für Autoren herausgegeben. Auf www.vomschreibenleben.de/social-media-kalender/ stellt sie den Kalender vor.

Wie wichtig ist SEO (Suchmaschinenoptimierung) für einen Blog?

Wenn Ihr Blog oder Ihre Website von anderen Leuten gefunden werden soll – und wenn Sie Bücher schreiben und verkaufen wollen, ist das der Fall –, dann müssen Sie Ihren Internetauftritt so gestalten, dass er in den Suchergebnissen bei Google & Co erscheint, und zwar möglichst weit oben. SEO hilft Ihnen dabei, dieses Ziel durch verschiedene Maßnahmen zu erreichen, damit potentielle Interessenten Ihre Beiträge anhand typischer Suchanfragen finden und Sie sich in Ihrem Fachgebiet oder Genre profilieren können.

Es gibt zahlreiche Maßnahmen, wie die Auffindbarkeit Ihres Blogs über SEO verbessert werden kann, und Sie können sich darüber in Hunderten von Büchern, Kursen, Websites und Videos informieren. Für die Zwecke dieses Ratgebers und den Start Ihrer Website reicht es aus, wenn Sie sich mit der grundlegendsten Maßnahme beschäftigen, nämlich der **Optimierung Ihrer Beiträge auf Suchbegriffe.**

Wenn Sie Sachbücher schreiben, haben Sie ein bestimmtes Fachgebiet. Bei Romanen wird es ein bestimmtes Genre oder ein Bezug zu bestimmten Themen oder Figurenkonstellationen sein, das Ihre Bücher kennzeichnet. Bauen Sie also Ihren Blog und Ihre Website rund um diese Bereiche auf, um Ihr Zielpublikum anzusprechen und auf Ihre Seite zu bringen.

Welche Stichwörter fallen Ihnen für diese Bereich ein, nach denen die Leute im Internet suchen würden? Kostenlose Tools wie Google Trends bzw. Google Search

Console oder Answer the Public helfen Ihnen dabei, weitere aktuelle Suchbegriffe zu finden und herauszubekommen, ob diese ein ausreichend hohes Suchvolumen haben bzw. wie Ihre Seite im Vergleich zu Ihren Wettbewerbern abschneidet.

Bauen Sie diese Wörter oder Phrasen in Ihre Beiträge ein, etwa in der Überschrift, im ersten Absatz, in Zwischenüberschriften und/oder in weiteren Absätzen und in der Website-Adresse des Beitrags.

Je nachdem, welches System Sie für Ihre Website gewählt haben, können Sie auch auf integrierte SEO-Funktionen oder verfügbare SEO-Plugins zurückgreifen, die Sie dabei unterstützen, Ihre Beiträge direkt in der Verwaltungsoberfläche für Suchmaschinen zu optimieren.

Fazit: Schreiben Sie in Ihrem Blog über das, was auch in Ihren Büchern vorkommt, betten Sie relevante Stichwörter in Ihre Blogbeiträge ein und freuen Sie sich über wachsende Besucherzahlen.

Tipp: Mehr über die Grundlagen und Umsetzung von SEO finden Sie bei Blogger und Online-Unternehmer Finn Hillebrandt in seinem Beitrag auf www.blogmojo.de/was-ist-seo/ oder in einem der zahlreichen YouTube-Videos zum Thema „SEO für Anfänger“. Wenn Sie mehr Einblicke und Tipps haben wollen, schauen Sie sich auf www.blogmojo.de/seo-lernen/ um.

Kommentare ja oder nein?

Wenn Sie einen Blog haben, können Sie die Interaktivität fördern, indem Sie Kommentare freischalten und Lesenden am Ende Ihrer Beiträge Fragen stellen oder sie auf andere Art zum Kommentieren ermutigen. Aktivieren Sie in diesem Fall unbedingt eine Filterfunktion, die Ihren Blog vor Spam-Kommentaren schützt, und, falls möglich, auch die Option, dass Kommentare erst von Ihnen freigegeben werden müssen, bevor Sie auf Ihrer Website erscheinen. Überprüfen Sie ab und zu, ob gefilterte Kommentare zu Recht unterdrückt wurden, und geben Sie legitime Kommentare frei. Ganz wichtig: Antworten Sie auch auf freigegebene Kommentare! Genauso wie Sie sich über Rückmeldungen Ihrer Leser freuen, freuen diese sich auch über eine persönliche Nachricht von Ihnen.

Aufgabe: Überlegen Sie, ob Sie Zeit für einen Blog und die Bearbeitung von Kommentaren haben! Falls ja, machen Sie eine Liste mit Ideen, wählen Sie einen für Sie passenden Veröffentlichungsrhythmus und schreiben Sie Ihren ersten Blogbeitrag!

ONLINE-SHOP

Wenn Sie sich die Tantiemen bei Verlagen und Dienstleistern anschauen, dann fragen Sie sich vielleicht, ob Sie nicht mehr durch den Kauf Ihrer Bücher verdienen könnten, indem Sie sie direkt an Ihr Publikum verkaufen. Schließlich haben Sie (bald) Ihre eigene Website, und Möglichkeiten, einen eigenen Online-Shop darin einzubinden, ob über Plugins direkt in Ihre Website integriert, wie etwa WooCommerce oder Shopify, oder über ausgelagerte Lösungen von Drittanbietern, wie etwa SumUp, gibt es mittlerweile genug. Was hält Sie also davon ab?

Wenn Sie erst einmal ein paar Bücher, gegebenenfalls mit passenden Werbeartikeln, herausgebracht haben, kann ein Online-Shop aus mehreren Gründen eine Überlegung wert sein.

Vorteile

- direkter Kundenkontakt
- höhere Margen
- Sie erhalten die Kontaktdaten Ihrer Kunden.

Aus den unten genannten Gründen sollten Sie sich allerdings erst später in Ihrer Karriere, wenn überhaupt, mit einem eigenen Online-Shop befassen:

Nachteile

- Ihre Website muss eine gewisse Besucherzahl haben, damit Ihr Angebot überhaupt beachtet wird.
- Nicht alle, die Ihre Website besuchen, wollen tatsächlich auch bei Ihnen kaufen.
- Ihr Shop-Angebot muss mit dem der großen Online-Shops konkurrieren können. Diese liefern portofrei am nächsten Tag – was gibt es bei Ihnen, das Versandkosten und Wartezeiten von mehr als einem Tag rechtfertigt, etwa signierte Bücher, exklusive Sonderausgaben, die es nur auf Ihrer Website gibt, etc.?
- Sie müssen ein Gewerbe anmelden (siehe Abschnitt **Rechtliches und Verwaltung – Gewerbeanmeldung**)
- Sie brauchen rechtssichere AGB, die Sie immer individuell über einen Anwalt erstellen lassen sollten (siehe oben im Abschnitt **Einrichten Ihrer Website**)

- Sie brauchen rechtssichere Plugins bzw. E-Commerce-Lösungen.
- Manche E-Commerce-Lösungen benötigen ein kostenpflichtiges Monatsabo.
- Sie haben den Aufwand und die Kosten für die Rechnungsstellung und Verfügbarkeit von Büchern, nämlich für das Lager, die Verpackung, gegebenenfalls eine Verpackungslizenz (siehe Abschnitt **Rechtliches und Verwaltung – Verpackungslizenz**) und das Porto für den Versand.
- Rechnen Sie damit, dass einzelne Käufer Ihr Buch zurückgeben werden. Bei E-Books entsteht außer der Erstattung des Kaufpreises kein größerer Schaden und Aufwand. Ganz anders sieht es bei gedruckten Büchern aus, wo Sie möglicherweise nicht nur den Kaufpreis und etwaige Versandkosten erstatten müssen, sondern wo das Buch aufgrund von Gebrauchsspuren nicht einmal mehr als Mängelexemplar für einen Weiterverkauf geeignet ist.

Achtung: Nicht alle E-Commerce-Lösungen sind notwendigerweise auch für physische Produkte wie Bücher ausgelegt.

Finn Hillebrandt vergleicht beliebte Shop-Systeme auf www.blogmojo.de/shopsysteme-vergleich. Sollte Sie dann die Lust packen, einen Online-Shop aufzusetzen, finden Sie bei ihm ebenfalls eine detaillierte Anleitung, wie Sie dazu vorgehen: www.blogmojo.de/online-shop-erstellen/

Aufgabe: Wägen Sie ab, ob sich ein Online-Shop vom Aufwand und den Kosten her für Sie lohnt, und organisieren Sie gegebenenfalls die Umsetzung durch die oben erwähnten Möglichkeiten!

ABSCHLUSSAUFGABE

Gratulation! Sie haben erfolgreich Ihren Internet-Auftritt angelegt und können ihn jetzt mit Inhalten und Funktionen füllen. Haben Sie Geduld! Auch eine Website benötigt Zeit zum Wachsen. Passen Sie sie nach und nach an Ihre Bedürfnisse an, je weiter Sie mit Ihrer Autorenkarriere fortschreiten, und zwar folgendermaßen:

1. **Machen Sie Ihre Autoren-Website bekannt: Verteilen Sie den Link in den Sozialen Medien, fügen Sie ihn in Ihre Kurzbiografie für Veröffentlichungen ein und setzen Sie ihn in Ihren E-Mail-Abbinder (Signatur)!**
2. **Kümmern Sie sich um Suchmaschinenoptimierung, damit Ihre Website besser gefunden wird! Hierzu gibt es viele hilfreiche WordPress-Plugins, etwa Yoast SEO oder Rank Math.**

3. **Überlegen Sie, ob Sie Zeit für und Lust auf einen Blog mit oder ohne Kommentar- bzw. Teilen-Funktion haben. So bieten Sie Interessenten immer wieder frische Inhalte und geben ihnen einen Grund mehr, auf Ihre Website zurückzukehren und vielleicht sogar Ihren Newsletter zu abonnieren. Achtung: Falls Sie die Kommentarfunktion und das Teilen über Soziale Medien aktivieren, müssen Sie die DSGVO-Vorgaben beachten, Ihre Datenschutzerklärung und Cookie-Einwilligung entsprechend aktualisieren und Ihren Blog vor Spammern schützen.**

Tipp: Im oben erwähnten Beitrag zum Erstellen einer Website (www.blogmojo.de/blog-erstellen) finden Sie unter Punkt 9 „Häufige Fragen" einige Tipps, wie Sie die obigen Fragen angehen können.

TEIL III

VERÖFFENTLICHEN

EINLEITUNG

Wenn Sie die Aufgaben aus den vorigen Abschnitten bearbeitet haben, weiß Ihr Zielpublikum bereits, dass Sie eine interessante Person sind, die ein Buch schreibt, und wartet gespannt auf die Veröffentlichung Ihres Werks. Aber wie bringen Sie Ihren Romanentwurf am besten in die Welt hinaus?

1

ÜBERARBEITUNGSZYKLEN UND TESTLESER

Erinnern Sie sich, wie Sie Ihren inneren Kritiker während des Schreibens des Entwurfs stummgeschaltet haben? Jetzt ist die Zeit gekommen, ihm den Knebel herauszunehmen. Er darf endlich nach Herzenslust am gesamten Text herummäkeln, logische und sprachliche Fehler anstreichen und Ihnen Überdenken, Umschreiben und Recherche aufbrummen. Was für ein Tag!

Im Abschnitt **Schreibtechnik** habe ich unter **Abschließen – Nach dem Schreiben** bereits den Prozess des Überarbeitens angerissen. Wenn Sie noch am Anfang Ihrer Schreibkarriere stehen, werden Sie einiges an Arbeit vor sich haben, um Ihren Manuskriptentwurf in eine für die Öffentlichkeit akzeptable Form zu bringen. Mein erster Roman ging durch sage und schreibe elf (!) Überarbeitungsphasen, plus gesonderte Bearbeitung des Romananfangs, bevor ich ihn an Literaturagenturen geschickt habe.

Zu meiner Verteidigung muss ich hinzufügen, dass ich quasi für jeden Überarbeitungsschritt eine neue Version des Dokuments angelegt habe, also eine für Figuren, eine für Beschreibungen, eine für Dialoge, eine für Lesbarkeit, eine für Recherchelöcher, etc. Falls bei einem Durchgang etwas schiefgelaufen wäre, hätte ich dadurch immer eine unbeschadete und nur gering veränderte Vorgängerversion des Textes gehabt, auf die ich hätte zurückgreifen können. Die Überarbeitung des zweiten Romans kam mit weniger Schritten aus. Seien Sie also zuversichtlich!

Ein wichtiger Teil bei der Überarbeitung ist neben einer gesunden Fähigkeit zur Selbstkritik – versuchen Sie, Ihren Text so zu lesen, als wäre er von jemand anderem geschrieben! – der Blick eines Unbeteiligten auf Ihren Text.

Natürlich können Sie, wenn Sie mit der überarbeiteten Version zufrieden sind, das Manuskript zum Testlesen an Familie und Freunde verteilen, aber vor diesem Schritt warnt jeder, der das Thema Überarbeitung in seinem Blog oder seinem Schreibratgeber anspricht. Um Ihr Manuskript vorlage- bzw. veröffentlichungsreif zu machen, benötigen Sie nämlich mehr als einen freundschaftlichen Klaps auf die Schulter und ein „Das ist richtig gut!“ – Sie brauchen handfeste und gezielte Kritik, mit denen Sie die letzten Schwächen des Textes beseitigen können.

Holen Sie dafür Testleser ins Boot, und zwar idealerweise:

1. mehr als einen, damit Sie einen ausgewogenen Blick über Schwachstellen bekommen: Was

der eine Testleser anstreicht, fällt dem anderen womöglich gar nicht auf. In diesem Fall sollten Sie abwägen, ob Sie die Kritik annehmen oder ignorieren. Eine ungerade Zahl an Testlesern verhindert, dass es zu Gleichständen bei Kritikpunkten kommt, und erleichtert Ihnen die Entscheidung, vor allem, wenn alle denselben Aspekt bemängeln. Aber übertreiben Sie es nicht! Je mehr Testleser Sie haben, umso mehr Meinungen erhalten Sie auch und umso verwirrender wird es für Sie, durch sämtliche Anmerkungen und Korrekturvorschläge durchzublicken. Drei bis fünf Testleser reichen völlig aus!

2. lese- und/oder lektoratserfahren, am besten in Ihrem Genre: Sie benötigen zu diesem Zeitpunkt noch keine ausgebildete Lektorin, die Ihr Manuskript gegenliest, dafür aber Personen, die vor allem in Ihrem Genre lesen. Nur wer ausreichend passende Leseerfahrung besitzt, kann Ihnen sagen, wo Ihr Text verwirrend oder unlogisch ist, ob die Figuren plausibel erscheinen, ob die Handlung nachvollziehbar ist, wo die Spannung des Textes durchhängt, welche Bilder und Metaphern unzureichend oder schief sind, etc. Außerdem vermag nur jemand, der mit dem Genre vertraut ist, Ihnen aufzuzeigen, wo Ihr Roman die Genre-Konventionen bricht bzw. vernachlässigt. Vielleicht erhalten Sie sogar einige Vorschläge, was die möglichen Gründe

für etwaige Probleme sein könnten und wie man sie lösen könnte.

3. aus der Zielgruppe Ihres Romans: Wenn Sie Punkt 1 und 2 beherzigen, werden Sie ausreichend wertvolle Rückmeldungen erhalten, durch die Ihr Manuskript den notwendigen Schliff erhält, damit Sie es einer Literaturagentur oder einer professionellen Lektorin vorlegen können. Das i-Tüpfelchen ist, wenn sich einer oder mehrere Testleser tatsächlich in der Zielgruppe Ihres Romans befinden. Dadurch erhalten Sie schon vor der Veröffentlichung eine rezensionswürdige Bewertung Ihres – wenn auch noch unreifen – Textes und können erkennen, ob Sie den Geschmack Ihres Zielpublikums getroffen haben.

Tipp: Versuchen Sie nicht, jeden einzelnen Kommentar zu berücksichtigen, denn Anmerkungen sind immer subjektiv: Was dem einen gefällt, findet der andere weniger gut, aber Sie können nicht alle glücklich machen. Wägen Sie ab, welche Verbesserungsvorschläge Sie umsetzen sollten und welche nicht.

Noch ein Tipp: Nehmen Sie Kritik nie persönlich! Ihre Testleser bewerten das Manuskript, wie es vor ihnen liegt, nicht Sie als Mensch und Autor.

Testleser finden Sie beispielsweise:

- auf Messen oder in Schreibkursen, die Sie besucht haben
- unter den Mitgliedern Ihrer Schreibgruppe oder Ihres Autorenforums im Netz
- unter den Besuchern Ihrer Website – mehr dazu im Abschnitt **Marketing** unter **Newsletter und E-Mail-Marketing** – oder den Followern Ihrer Profile in Sozialen Medien
- in den entsprechenden Interessensgruppen auf Facebook oder den Buch-Communities wie LovelyBooks, Büchertreff etc.

Binden Sie Ihre Testleser so früh wie möglich ein, normalerweise aber nicht vor dem Abschluss Ihrer eigenen Überarbeitung. Ausnahme: Sie sind nicht sicher, ob Ihre Idee und die Art, wie Sie schreiben, überhaupt funktionieren. In diesem Fall sollten Sie schon während des Entwurfs ein oder zwei erfahrene Testleser miteinbeziehen, welche die ersten Seiten Ihres Manuskripts – fünf bis maximal 30 reichen schon aus – auf grundlegenden Elemente abklopfen können. In diesem Stadium sind Änderungen noch ohne viel Aufwand möglich. Wenn der halbe – oder ganze – Text schon steht, ist es aufwändig, Plot, Figuren oder ganze Szenen umzuschreiben.

Wie funktioniert Testlesen?

Hier stehen Ihnen drei Möglichkeiten zur Auswahl.

Per Textverarbeitung

Am einfachsten und effizientesten, weil direkt am Rechner zu erledigen und durch direkte Korrekturen im Manuskript nachvollziehbar und schnell durchzuarbeiten, ist das Verschicken des Manuskripts im Word-Format – was Sie für die meisten Verlage ohnehin benötigen – per E-Mail. Ihre Testleser können dann anhand der Überprüfungsfunktion Änderungsvorschläge, Korrekturen und Kommentare direkt im Text einfügen.

Tipp: Falls Sie Bedenken zum Versand Ihres Manuskripts per E-Mail haben, können Sie das Dokument vor dem Versand mit einem Passwort verschlüsseln, das Sie Ihrem Testleser anschließend separat per Telefon oder in einer weiteren E-Mail übermitteln.

Ausdruck auf Papier

Ob Sie es glauben oder nicht, aber es gibt tatsächlich Testleser, die ein gedrucktes Manuskript einer elektronischen Version vorziehen, manchmal zusätzlich mit Ringbindung, damit beim Umblättern im Bett oder beim Lesen an einem windigen Ort die losen Seiten nicht in alle Richtungen flattern.

Ein gedrucktes Manuskript können Sie entweder persönlich überreichen oder per Post schicken – Druck-

und Portokosten können Sie von der Steuer absetzen, also Belege aufheben!

Tipp: Gönnen Sie Ihren Testlesern ausreichend Zeit zum Lesen, besonders wenn Sie ihnen ein längeres Manuskript geben! Sorgen Sie trotzdem für ein wenig positiven Stress, indem Sie einen Termin setzen, bis zu dem Sie den fertig gelesenen Text wiederhaben wollen! Zwei bis maximal vier Wochen sollten für ein durchschnittliches Manuskript ausreichen.

Im Internet veröffentlichen

Statt Ihren Text zu verschicken, können Sie ihn in Teilen oder vollständig auf Websites hochladen, auf denen es öffentliche Diskussionsforen, passwortgeschützte Mitgliederbereiche oder geschlossene Gruppen, deren Mitgliedschaft man erst beantragen muss, gibt.

Vorteil: Diese Methode ist bequemer, als alles per E-Mail zu versenden oder erst den ganzen Text auszudrucken und per Post zu verschicken, und verspricht je nach Teilnehmerzahl ein breites Stimmungsbild zu Ihrem Text.

Nachteil: Gerade in der Fülle der Rückmeldungen liegt auch ein Nachteil. Sie haben auf solchen Seiten kaum eine Kontrolle, welche und wie viele Leute Ihren Text lesen, und wissen insbesondere als Schreibanfänger vielleicht nicht einmal, wie gut und berechtigt die Kommentare und Korrekturvorschläge sind. Womöglich erhalten Sie viele und sehr unterschiedliche Meinungen und verzweifeln, wenn nicht direkt an Ihren Schreibfähigkeiten, dann spätestens bei dem Versuch, all diese Ratschläge umzusetzen und in Ihr Manuskript einzuarbeiten.

Je nachdem, welchen Anteil Ihres Manuskripts Sie veröffentlichen, laufen Sie darüber hinaus Gefahr, Ihre Geschichte für eine spätere Veröffentlichung als Buch für Leser und Verlage unattraktiv zu machen. Wer will schon Geld in etwas investieren, das bereits zu großen Teilen oder vollständig kostenlos im Internet verfügbar ist?

Tipp: Natürlich können Sie das Augenmerk Ihrer Testleser auf spezielle Aspekte wie Figuren, Spannung, Schreibstil oder Ähnliches lenken, wenn Sie dazu deren Meinung haben wollen. Auch wenn Sie detailliertes Feedback wünschen, bietet es sich an, die Testleser vorher, etwa durch einen entsprechenden Fragebogen in die gewünschte Richtung zu dirigieren. Allerdings opfern Sie dadurch einen Teil der Objektivität und Spontaneität, mit denen die Testleser ohne Anweisung das Manuskript sonst lesen und kommentieren würden. Eventuell konzentrieren sich die Testleser dann nur auf Antworten zu Ihren Fragen und lassen andere Dinge, die ihnen aufgefallen sind, außer Acht. Gerade am Anfang würde ich daher von einer gezielten Beeinflussung der Testleser abraten, damit Sie wirklich eine umfassende Bewertung

Ihres Textes und nicht nur Kommentare zu einzelnen Aspekten erhalten.

Was kosten Testleser?

Wenig, wenn Sie nicht einen professionellen Lektor gegen Bezahlung beauftragen. Als Vergütung könnten Sie beispielsweise Folgendes anbieten:

- einen Eintrag in der Danksagung Ihres Romans
- ein Exemplar des veröffentlichten Buches, als E-Book oder gedruckt, gegebenenfalls mit Widmung, einem Lesezeichen oder Ähnlichem
- sich selbst als Testleser zur Verfügung zu stellen

Aufgabe: Überlegen Sie sich, wie viele Testleser Sie benötigen und wo Sie diese finden! Sprechen Sie sie direkt an, ob Sie den Text, den Sie gerade schreiben, gegenlesen und Ihnen dazu Rückmeldung geben wollen! Vergessen Sie nicht zu erwähnen, über welches Thema Sie schreiben, wie lang der Roman ungefähr wird und worauf Ihr Testleser gegebenenfalls achten soll!

2

DAS EXPOSÉ – IHR ROMAN IM KURZFORMAT

Spätestens, wenn Sie Ihren Text einer Literaturagentur, einem Verlag oder Lektor vorlegen wollen, kommen Sie um ein Exposé und eventuell einen Pitch nicht herum. Doch auch beim Self-Publishing kann Ihnen ein Exposé beim Erstellen des späteren Klappentextes helfen, weil Sie die wichtigsten Elemente Ihres Romans herausarbeiten und auf wenigen Seiten zusammenfassen müssen. Dazu gehören:

Allgemeine Fakten

Hierhin gehören Ihr Name, Ihre Adresse und Kontaktdaten (E-Mail-Adresse), der Arbeitstitel – dieser kann bei einer Veröffentlichung vom Verlag geändert werden –, die Zeichenanzahl mit Leerzeichen sowie das Genre.

Zusammenfassung der Handlung

Beschränken Sie sich auf die grobe Struktur mit Anfang, Wendepunkten, Konflikten und Auflösung. Hier kommt Ihnen die Kapitelübersicht zugute, die Sie bei der Erstellung eines Arbeitskonzeptes entwerfen – wie weiter oben bei den Plotmethoden im Abschnitt **Schreibtechnik** angesprochen. Sollten Sie kein Arbeitskonzept haben, sehen Sie spätestens bei dieser Zusammenfassung, wo Lücken und Probleme in Ihrem Text auftreten.

Achtung: Das Ende Ihres Romans gehört unbedingt mit ins Exposé. Lassen Sie den Lektor nicht raten, wie Ihr Roman ausgeht! Zur Beurteilung für eine Veröffentlichung benötigt er einen vollständigen Überblick über die Handlung.

Nennung der wichtigsten Figuren

Beschreiben Sie kurz (!) den Protagonisten, Antagonisten und eventuell noch ein oder zwei andere, für die Handlung essentielle Figuren.

Tipp: Auch beim Schreiben des Exposés kann Ihnen die KI unter die Arme greifen. Füttern Sie sie einfach mit den notwendigen bzw. geforderten Angaben sowie Ihrer Kapitelzusammenfassung (Arbeitskonzept) aus dem Abschnitt **Schreibtechnik** und lassen Sie sich überraschen.

Aufgabe: Schnappen Sie sich Ihren Text, Ihr Arbeitskonzept und die obigen Tipps zum Thema Exposé und schreiben Sie das Exposé für Ihr Buch auf maximal drei Seiten – oder, wenn Sie richtig ehrgeizig sind, auf einer einzigen Seite!

Seien Sie nicht enttäuscht, wenn Ihr Exposé und die Leseprobe Ihres Manuskripts nicht auf Anhieb eine Agentur oder einen Verlag überzeugen! Es braucht Glück, den richtigen Zeitpunkt und den passenden Ansprechpartner, um einen Text erfolgreich zu vermitteln.

Autor Andreas Eschbach hat eine, wie er es nennt, Trostliste erstellt mit der Anzahl von Absagen, die große Schriftsteller für ihr Erstlingswerk kassiert haben. Sie finden die Liste auf www.andreaseschbach.de im Menüpunkt *Übers Schreiben – Verlagssuche – Trostliste.*

3

DER PITCH – IHR ROMAN IN EINEM SATZ

Haben Sie jetzt gerade nach Luft geschnappt? Sollen Sie den Text, den Sie in den letzten Monaten mühevoll geschrieben und mehrfach überarbeitet haben, wirklich in einen einzigen Satz quetschen? Ja, das sollen Sie! Unmöglich? Nein. Aber es braucht ein wenig Übung oder mehrere Anläufe, um wirklich den Kern Ihres Romans zu treffen.

(Warum) Brauchen Sie einen Pitch?

1. Sie können ihn im Exposé vor der Zusammenfassung der Handlung als hochkonzentrierte Inhaltsangabe nutzen. So sieht die Lektorin einerseits, dass Sie den Inhalt in einem Satz pointiert unterbringen können, und andererseits, ob es sich für sie

überhaupt lohnt, die Leseprobe oder gar das ganze Manuskript zu lesen.

2. Der Pitch ist die beste Art, für Ihren Roman zu werben. Nichts ist schlimmer, als wenn jemand Sie auf Messen, Veranstaltungen im Bekanntenkreis etc. danach fragt, worum es in Ihrem Roman geht, und Sie nur stammelnd und unzusammenhängend den Inhalt wiedergeben können.
3. Auch wenn Sie Verlage, Agenturen oder Lektoren wegen Ihres Romans ansprechen wollen, ist es praktisch, eine kompakte und vielversprechende Zusammenfassung des Inhalts parat zu haben. Der Pitch wurde ursprünglich mit solch einer Situation im Hinterkopf entwickelt, nämlich dass Sie als Autor im Fahrstuhl einen Verleger treffen, dem Sie innerhalb der Aufzugsfahrt Ihren Roman schmackhaft machen müssen. Daher auch der Name Elevator Pitch, also Fahrstuhlsynopsis.

Ist der Pitch dasselbe wie eine Prämisse?

Vielleicht haben Sie schon einmal den Ausdruck „Prämisse“ gehört, der oft im Zusammenhang mit dem Schreiben eines Romans erwähnt wird.

Was ist eine Prämisse?

Fragen Sie zehn Autoren und Sie erhalten zehn verschiedene Antworten. Lassen Sie sich dadurch nicht beunruhigen! Wenn Sie wissen, worum es in Ihrem Buch geht und wie Ihr Protagonist sein Ziel erreicht, können Sie daraus, notfalls nachträglich, Ihre Prämisse entwickeln.

Müssen Sie eine Prämisse haben?

Jein. Die Prämisse ist der rote Faden, der Sie durch Ihren Roman leitet. Sie beeinflusst Ihre Charaktere, die Handlung und den Ausgang des Romans und stellt sicher, dass alles, was Sie schreiben, logisch und nachvollziehbar ist. Ihre Geschichte spiegelt idealerweise in jeder Szene und jeder Figur Ihre Prämisse wider. Obligatorisch ist die Prämisse allerdings nicht. Es gibt durchaus Autoren, die ihre Romane und alle Begleittexte ohne Prämisse schreiben, vor allem diejenigen, die bereits einige Romane geschrieben haben.

Wie formulieren Sie eine Prämisse?

Die Prämisse ist die aus Sicht Ihrer Hauptperson gesehene zentrale Botschaft Ihrer Geschichte, die Sie folgendermaßen zusammenfassen:

Hauptfigur + Konflikt + Lösung = Prämisse

Für Romeo und Julia wäre die Prämisse etwa: Verbotene Liebe führt zum Untergang.

Aufgabe: Sehen Sie sich Ihre Romanidee, Ihren Plot oder Ihr Manuskript noch einmal an und überlegen Sie, welche Botschaft Sie Ihren Lesern mitgeben wollen! Formulieren Sie dann in einem Satz die Prämisse Ihres Romans!

Wie schreibe ich einen Pitch?

Der Pitch fasst die Handlung kompakt zusammen, mit der Sie die Prämisse, also die Moral von der Geschichte, zum Ausdruck bringen.

Konzentrieren Sie also Ihre Romanhandlung so weit, dass sie am Ende in maximal zwei Sätze, besser in einen einzigen Satz hineinpasst. Machen Sie Stichpunkte zur Hauptfigur und zum Antagonisten – oder der treibenden Gegenkraft, wenn es sich nicht um eine spezifische Person, sondern innere Dämonen, ein politisches System oder eine lebensfeindliche Umgebung handelt –, deren Zielen und dem Thema bzw. der Prämisse Ihres Romans und versuchen Sie, diese Punkte in so wenigen Sätzen wie möglich unterzubekommen. Das dauert, und das muss man üben, also halten Sie durch!

Nehmen wir als Beispiel meinen Roman *Der Krieger des Königs.*

Die Prämisse lautet: Egoismus bringt Unglück.

Und hier der Pitch dazu: Als Sohn eines angelsächsischen Adligen hat er alles. Als Krieger des Königs setzt er alles aufs Spiel.

Das sind über 500 Normseiten in zwei Zeilen zusammengefasst. Geht doch, oder?

Aufgabe: Schreiben Sie einen Pitch für Ihren Roman!

4

DER KLAPPENTEXT – IHR ROMAN-TEASER

Exposé und Pitch brauchen vor allem zukünftige Verlagsautoren, wenn sie versuchen, ihr Manuskript an einen Literaturagenten oder eine Verlagslektorin zu verkaufen. Um den Klappentext, also das, was auf der Rückseite des gedruckten Buches bzw. in der Beschreibung des E-Books auf der Verkaufsseite steht, kommen jedoch auch Selfpublisher nicht herum. Für Verlagsautoren übernimmt meist der Verlag das Schreiben des Klappentextes, wobei Kleinstverlage sicher dankbar sind für eine Vorlage oder sogar den finalen Text.

Der Klappentext muss so viel von der Geschichte verraten, dass ein Leser gerne mehr erfahren und das Buch lesen würde. Starten Sie mit Ihrer Hauptfigur und wie Sie aus der Normalität in die Krise geschleudert wird, die sie im Roman überwinden muss. Nehmen Sie Ihr Exposé als Grundlage und kürzen Sie es auf 200 bis 500 Zeichen. Selbstverständlich sollten Sie für den Klappentext unbedingt das Ende offenlassen, damit der Leser einen Anreiz bekommt, das Buch zu kaufen.

Wenn Sie Anregung brauchen, lesen Sie sich die Klappentexte der Bücher durch, die Sie gekauft haben, und überlegen Sie, warum Sie das getan haben. Welcher Satz im Klappentext hat Sie dazu bewegt? War es die spannende Figurenkonstellation, der Cliffhanger am Ende des Textes, ein lobendes Zitat aus einer großen Zeitung?

Für den Klappentext gilt dasselbe wie für den Pitch: Übung macht den Meister, und selbst erfahrenere Autoren raufen sich darüber die Haare. Greifen Sie auch hier gerne wieder zur KI, um am Feinschliff Ihrer Werbetexte zu arbeiten!

Aufgabe: Überlegen Sie sich einen verlockenden Klappentext, der neugierig auf die Geschichte macht und idealerweise zum Kauf des Romans anregt!

5

VERLAG ODER SELF-PUBLISHING – WIE SOLL ICH VERÖFFENTLICHEN?

Ihr Manuskript geht ins finale Korrektorat, Ihre Verkaufstexte – Pitch, Exposé und Klappentext – stehen. Falls Sie bis jetzt noch keine Entscheidung getroffen haben, sollten Sie sich spätestens jetzt überlegen, wie Sie das Buch veröffentlichen wollen. Gehen Sie den klassischen Weg und suchen Sie sich einen Verlag? Oder nehmen Sie Ihr Glück selbst in die Hand und verlegen Ihr Buch auf eigene Faust? Gehen Sie in diesem Fall über einen Dienstleister oder stellen Sie Ihr Buch auf allen gewünschten Plattformen selbst ein (Indie (Independent, also Unabhängiger)-Autor)?

Sehen wir uns zunächst die Vor- und Nachteile der beiden Wege an!

Verlag: Vor- und Nachteile

Vorteile

- kümmert sich um und bezahlt Lektorat, Korrektorat, Buchcover, Buchsatz, Audioproduktion und, zumindest zu einem gewissen Grad, Marketing
- bringt Ihr Buch in allen gewünschten Varianten in Buchhandlungen und Online-Shops
- verhandelt andere Veröffentlichungsformen sowie ausländische Lizenzen
- Verlagsbücher werden bei Autorenforen, Schreibwettbewerben, Autorenvereinigungen, Literaturstipendien und Ähnlichem problemlos als Veröffentlichung akzeptiert
- zahlt oft einen nicht zurückzuzahlenden Vorschuss

Nachteile

- lange Zeitspanne, oft ein Jahr oder länger, von der Manuskripteinsendung bzw. -annahme bis zur Veröffentlichung, abhängig von Verlagsgröße, Verlagsprogramm und Dauer der einzelnen Korrekturschleifen im Verlag
- Erfolgschancen ungefragt eingesandter Manuskripte gehen gleich Null
- Einstieg meist nur über eine Literaturagentur

möglich; auch hier kann es Monate bis zur Annahme dauern
- kein oder geringes Mitspracherecht bei Buchtitel, Cover und Verkaufstexten
- meist umfangreiche, zeitlich und gegebenenfalls auch räumlich unbeschränkte Abgabe sämtlicher Nutzungsrechte am Werk (E-Book, gedruckte Ausgaben, Hörbuch, Adaptationen für Film, Fernsehen, Theater, etc., Auslandslizenzen, zukünftige Formate)
- Buchvermarktung bleibt selbst bei größeren Verlagen meist Sache des Autors
- Gerade bei Neulingen gibt es das Buch anfangs vielleicht nur als E-Book und erst bei Erfolg auch in gedruckter Version.

Achtung: Seien Sie auf der Hut, wenn ein Verlag explizit nach neuen Autoren und Manuskripten sucht! Das ist sehr oft der schnellste Weg, sein Geld und seine Hoffnungen auf eine anerkannte Veröffentlichung loszuwerden, denn Werbung solcher Art machen nur Druckkostenzuschussverlage, auch DKZV genannt. Diese Verlage verlangen von Ihnen Geld für verschiedenste Dienstleistungen, die Ihnen jeder reguläre Verlag kostenfrei bietet. Bezahlen Sie nicht, um bei einem Verlag veröffentlicht zu werden!

Einen Teil der oben gelisteten Nachteile können Sie durch Beauftragung einer Literaturagentur abfangen (mehr zu Literaturagenturen weiter unten bei **Verlagssuche und Literaturagenturen**).

Selfpublishing: Vor- und Nachteile

Vorteile

- keine umständliche, langwierige, frustrierende und womöglich erfolglose Suche nach einem Verlag oder einer Agentur
- keine Abhängigkeit von Vorgaben für Genre, Thema, Inhalte, Programmplanung, um seinen Text zu veröffentlichen
- Veröffentlichungsprozess vom fertigen Manuskript zum käuflichen Buch extrem schnell
- Entscheidung über Buchtitel, Cover, Texte und Veröffentlichungsformen liegt allein bei Ihnen
- alle Nutzungsrechte bleiben normalerweise bei Ihnen bzw. können von Ihnen je nach Bedarf gezielt zeitlich und räumlich begrenzt an andere abgegeben werden

Nachteile

- Sie müssen Kosten im unteren vierstelligen Bereich, vor allem für Lektorat und Cover, vorschießen
- Verantwortung, Kosten und Planung fürs Marketing tragen allein Sie
- Sämtliche Verlagsaufgaben müssen Sie selbst übernehmen, darunter auch Buchsatz und Layout, die von der jeweiligen Veröffentlichungsplattform vorgeschrieben

werden. Oft gibt es integrierte Layout-Optionen auf den Plattformen. Ansonsten hilft ein professionelles Schreibprogramm wie Papyrus Autor oder Scrivener, das den Text automatisch ins korrekte Format konvertiert. Es gibt auch spezielle Buch-Layout-Programme wie Vellum (nur für Mac), Jutoh oder Sigil.

- Bei eigener Herstellung gedruckter Bücher über eine Druckerei, also ohne Selfpublishing-Dienstleister wie Books on Demand (BoD) oder Tolino, die sonst den Buchdruck übernehmen, müssen Sie sich selbst um ISBN, die Aufnahme ins VLB (Verzeichnis lieferbarer Bücher), die Ablieferung der Pflichtexemplare, den Verkauf, die Lagerung und den Versand der gedruckten Bücher kümmern.
- Wollen Sie Ihre ohne Distributor gedruckten Bücher in den Shops von Google oder Apple selbst einstellen, brauchen Sie eventuell eine ausländische (US-)Steuernummer, um sich dort für ein Verkäuferkonto registrieren zu können.
- Selfpublishing gilt noch immer nicht überall als anerkannte Veröffentlichung, die für den Zugang zu Ausschreibungen oder Literaturverbänden benötigt wird.
- erfordert gegebenenfalls einen Gewerbeschein – dazu mehr im letzten Abschnitt **Rechtliches und Verwaltung – Gewerbeanmeldung**

Tipp: Sollten Sie auch nur im Entferntesten mit dem Gedanken spielen, Ihre Bücher selbst zu veröffentlichen, dann kommen Sie an der Website selfpublisherbibel.de nicht vorbei. Hier sammelt und schreibt Autor und „Selfpublishing-Pabst" Matthias Matting alles zum Thema Selfpublishing für Anfänger, Fortgeschrittene und Profis: Technik, Tools, Veröffentlichungsplattformen, Buchmarketing sowie Steuern und Recht.

VERLAGSSUCHE UND LITERATURAGENTUREN

Sie möchten trotz möglicherweise langer Wartezeiten und vieler Absagen versuchen, einen Verlag zu finden, der Ihr Buch veröffentlicht? Dann haben Sie jetzt zwei Möglichkeiten:

1. **Sie suchen sich eine Literaturagentur**, insbesondere, wenn Sie in die großen Publikumsverlage wollen.

Wenn Sie diesen Weg gehen, büßen Sie zwar unter dem Strich 15 bis 20 % Ihres Honorars bzw. Ihrer Tantiemen für das vermittelte Manuskript ein, aber in die großen Verlage kommen Sie ohne Literaturagentur praktisch nicht mehr rein. Doch Literaturagenturen haben noch andere Vorteile:

- Sie können Sie vor Druckkostenzuschussverlagen warnen und schicken Ihr Manuskript nur an jene seriösen Verlage, von denen sie sich eine positive Rückmeldung erwartet. Ihre

Wartezeit verkürzt sich somit hoffentlich, während Ihre Erfolgschancen steigen.

- Da Literaturagentur außerdem auf Provisionsbasis arbeiten, siehe oben, haben sie einerseits Interesse daran, Ihr Manuskript erfolgreich zu vermitteln, und andererseits die Motivation, für Sie ein möglichst gutes Angebot einzuholen, denn schließlich verdienen sie an Ihrem Erfolg mit.
- Nicht zuletzt können diese Buchprofis auch die Vertragskonditionen viel besser aushandeln und sorgen dafür, dass Sie bei der Rechteabgabe nicht über den Tisch gezogen werden.

2. Sie machen sich eine Liste mit kleinen und mittelgroßen Verlagen, denen Sie Ihr Manuskript direkt anbieten.

Ein großer Verlag reizt Sie nicht, weil Sie nur eine Nummer unter vielen sein werden, oder Sie wollen niemand anderes für die Vermittlung Ihres Manuskripts bezahlen? Dann schauen Sie sich die Verlage abseits der großen Namen an. Vielleicht sind die gerade auf Manuskripten mit bestimmten Themen oder aus einem bestimmten Genre. Gerade wenn Sie nicht unbedingt die auflagenstarken Genres wie Romance, Krimi/Thriller und Fantasy bedienen, könnten Sie bei einem kleineren Verlag bessere Aussichten auf Erfolg haben.

Wie finden Sie eine Literaturagentur oder einen Verlag?

Da hilft nur eines: suchen! Auf www.autorenwelt.de

können Sie unter *Literaturbetrieb – Menschen* eine Tabelle mit Literaturagenturen bzw. Verlegern anzeigen lassen, die Sie nach Ihrem Genre durchsuchen können.

Aus demselben Haus, nämlich dem Uschtrin-Verlag, stammt auch das *Handbuch für Autorinnen und Autoren*, das nicht nur zur Verlags- und Agentursuche ein absolutes Muss für Autoren ist.

Um herauszufinden, wie Sie sich bewerben und was Sie einreichen müssen, gehen Sie auf die Website der Agentur oder des Verlags. Dort gibt es normalerweise einen Bereich für Manuskripteinsendungen, in dem aufgelistet wird, was Sie einschicken sollen. **Befolgen Sie diese Anweisungen genau!** Ansonsten laufen Sie Gefahr, wegen unvollständiger oder falscher Unterlagen aussortiert zu werden, bevor die Lektorin überhaupt einen Blick in Ihr Manuskript geworfen hat.

Generell werden bei Einsendungen das Exposé, eine Leseprobe von 20 bis 30 Seiten und eventuell eine Kurzvita gefordert. Falls Sie sich nach Durchsicht der Website nicht sicher sind, ob Ihr Buch ins Verlagsprogramm oder das Spektrum der Agentur passt, rufen Sie dort an und fragen Sie nach. Halten Sie Ihren Pitch bereit, den Sie weiter oben erstellt haben! Er könnte Ihnen an dieser Stelle gute Dienste leisten.

Aufgabe: Erstellen Sie anhand Ihres Genres eine Liste mit Literaturagenturen bzw. Verlagen, die Sie der Reihe nach mit Ihren vorbereiteten Materialien abarbeiten!

Tipp: Bieten Sie Ihr Manuskript mehreren Agenturen oder Verlagen gleichzeitig an, um die Wartezeiten zu verkürzen, aber seien Sie vorsichtig, was Sie darüber im Anschreiben erwähnen!

Verlagsvertrag

Im Lektorat hat man Ihre Leseprobe begutachtet, das vollständige Manuskript eingefordert und auch die restlichen Verantwortlichen im Verlag für Ihr Buch begeistern können? Gratulation, denn endlich bekommen Sie den heißersehnten Verlagsvertrag angeboten! Aber unterschreiben Sie in aller Euphorie nicht einfach blindlings, sondern lesen Sie sich vorher den Vertrag genau durch bzw. lassen Sie Ihre Literaturagentur die Konditionen, insbesondere Vorschuss, Vergütungsregeln, Dauer und Umfang der Vertragsbindung prüfen.

Sollten Sie keine Agentur haben, die dies für Sie übernimmt, laden Sie sich den Normvertrag herunter, der als Muster für Autorenverträge vom Verband der Schriftstellerinnen und Schriftsteller in Verdi angefertigt wurde, und vergleichen Sie ihn mit dem Vertrag, der Ihnen angeboten wurde. Sie finden ihn auf kunst-kultur.verdi.de/literatur/vs/normvertraege.

Im *Handbuch für Autorinnen und Autoren* des Uschtrin-Verlags erläutert Rechtsanwalt Tobias Kiwitt in einem ausführlichen Kommentar sämtliche Paragraphen des Normvertrags. Eine Leseprobe finden Sie auf uschtrin.de unter *Bücher – Handbuch für Autorinnen und Autoren*.

SELFPUBLISHING UND INDEPENDENT AUTHOR (INDIE-AUTOR)

Sie haben weder Zeit noch Lust, mit Ihrem Manuskript hausieren zu gehen, und scheuen sich nicht vor der sehr steilen Lernkurve, die Ihnen beim Selfpublishing bevorsteht? Dann müssen Sie nur noch überlegen, inwieweit Sie überhaupt Hilfe von anderen für das Veröffentlichen Ihres Buches in Anspruch nehmen wollen.

Das Selfpublishing-Ökosystem in Deutschland, Österreich und der Schweiz ist zwar lange noch nicht so ausgereift wie in den USA, aber auch hierzulande steigt die Anzahl an Distributoren und Verkaufsplattformen, auf die Sie Ihr Manuskript hochladen können, oder an Druckereien, die Ihre Bücher drucken und manchmal sogar den Versand übernehmen.

Selfpublishing über Distributoren

Wenn es ans Veröffentlichen geht, gibt es zwei Extreme:

1. Schreiben und alles andere an einen Verlag abtreten (Verlagsautoren)
2. Schreiben, Bücher in Online-Shops hochladen und für den Buchhandel verfügbar machen, Herstellung und Versand der gedruckten Bücher organisieren, Marketing und Auswertung machen (unabhängige Selbstverleger, englisch Independent/Indie Authors)

Zwischen diesen beiden Enden steht, quasi als Mittelweg, der Selfpublisher, der zwar im Gegensatz zum Verlagsautor für das Innere und Äußere seiner Bücher selbst verantwortlich ist, der aber die eigentliche Veröffentlichung und Verbreitung von E-Books und gedruckten Büchern an einen Dienstleister abgibt.

Welcher Distributor ist der Richtige für mich?

Neben dem US-amerikanischen Anbieter Amazon Kindle Direct Publishing (KDP) gehören die deutschen Distributoren Tolino und Books on Demand (BoD) hierzulande zu den wichtigsten Selfpublishing-Plattformen, aber auch Dienstleister wie Tredition, epubli, Neobooks oder Bookrix haben ihre Anhänger. Auf den jeweiligen Websites laden Sie in Ihrem Konto Text und Cover Ihres

Buches hoch und überlassen dem Distributor die Umwandlung in E-Book und gedrucktes Buch sowie die Verteilung an Online-Shops und den Buchhandel.

Alle deutschen Distributoren stellen Ihr E-Book entweder automatisch oder bei Wahl der entsprechenden Option auch bei den großen ausländischen Plattformen, also Amazon, Apple, Google etc., ein – natürlich gegen entsprechende Abzüge bei der an Sie ausgeschütteten Verkaufsmarge. Bei einigen Anbietern können Sie Amazon oder auch Tolino ausschließen, wenn Sie Ihre Bücher dort lieber selbst hochladen. Das bedeutet zwar etwas mehr Arbeit für Sie, bringt aber auch höhere Tantiemen, da keine Prozente für den Distributor zwischen Ihnen und Amazon bzw. Tolino abgezogen werden.

Hier ein paar Denkanstöße:

1. Wollen Sie Ihre E-Books exklusiv bei Amazon oder in allen Shops veröffentlichen? Lesen Sie dazu auch den folgenden Abschnitt **Exklusiv oder breit?**
2. Wollen Sie ein gedrucktes Buch anbieten? Dann müssen Sie Distributoren wie Bookrix oder XinXii durch einen Anbieter ergänzen, der auch Print anbietet.
3. Soll das gedruckte Buch im Handel bestellbar sein? Dann brauchen Sie auf alle Fälle eine ISBN, egal wo Sie das Buch drucken lassen. Bei den meisten Anbietern erhalten Sie diese automatisch, sobald Sie dort ein Buch anlegen. Bei einigen, etwa KDP, Books on Demand und

Tolino, können Sie auch Ihre eigene ISBN verwenden. Lesen Sie dazu auch den Abschnitt **Die ISBN.**

4. In welcher Ausstattung sollen Ihre Bücher gedruckt werden? Nicht jeder Distributor bietet gedruckte Bücher an, siehe oben Punkt 2, und auch nicht in jeder Größe oder in jeder Ausgabeart. Das Taschenbuchformat bei Books on Demand liegt beispielsweise bei 12 x 19 cm, bei anderen Distributoren bei 12,5 x 19 cm. Dafür gehören gebundene Ausgaben mit verschiedenen Ausstattungen schon lange zum Angebot bei Books on Demand, während etwa Neobooks nur Taschenbücher anbietet.

Tipp: Fragen Sie andere Schreibende nach Empfehlungen und schauen Sie sich anschließend die Websites und aktuellen Konditionen der interessanten Distributoren an.

Independent Publishing: Verbreitung und Vertrieb selbst übernehmen

Wenn Sie die volle Kontrolle über Layout, Einstellung und Verteilung Ihres Buches auf Verkaufsplattformen deutschland- und weltweit behalten wollen, müssen Sie die Vorlagen für gedrucktes Buch und E-Book selbst herstellen, etwa mit Ihrem Schreibprogramm oder einer Layout-Software, und dann bei den gewünschten Verkaufsplattformen eigenhändig einstellen. Dazu gehören nicht nur die Online-Shops von Distributoren wie Tolino, BoD und Amazon, sondern auch die E-Book-Portale von Google Play, Apple Books, Kobo oder Nook – und natürlich Ihre eigene Website (siehe dazu das Kapitel **Autoren-Website** weiter oben).

Dienstleister für gedruckte Bücher

Wollen Sie Ihren Lesern auch eine gedruckte Version Ihrer Bücher zur Verfügung stellen, müssen Sie sich um eine Druckerei kümmern, die Ihr Buch druckt und bestenfalls auch den Versand und die Rechnungsstellung an Kunden übernimmt. Online-Plattformen wie KDP oder Tolino bieten den nicht exklusiven Druck und Versand gedruckter Bücher an, Books on Demand dagegen verlangt Exklusivität. Sie können Ihre Bücher aber auch ganz ohne Selfpublishing-Distributor im sogenannten Auflagendruck drucken lassen, indem Sie sich eine unabhängige Druckerei suchen, die den Druck und idealerweise auch den Versand und die Abrechnung der Bücher übernimmt. In diesem Fall benötigen Sie allerdings eigene ISBNs (siehe dazu den Abschnitt **Die ISBN**), wenn Ihre Bücher im Buchhandel bestellbar sein sollen.

Es ist schwierig, an dieser Stelle Empfehlungen auszusprechen, da diese Art der Veröffentlichung im Gegensatz zur Nutzung eines Selfpublishing-Anbieters hierzulande noch nicht sehr verbreitet scheint. Ab und zu fallen Namen wie BoldBooks oder Booksfactory, aber klare Favoriten haben sich in diesem Bereich bis jetzt noch nicht herauskristallisiert. Auf selfpublishingmarkt.de finden Sie eine ausführliche Liste mit Anbietern für Auflagendruck. Alternativ suchen Sie im Internet nach „Wo kann ich mein Buch drucken lassen?“ bzw. „Auflagendruck“ oder direkt vor Ort nach Druckereien, die auch Bücher in ihrem Sortiment haben. Schauen Sie sich die Bedingungen an und testen Sie die Druckqualität mit einem Probedruck.

Kosten-Nutzen-Rechnung

Wirklich alles alleine zu machen bzw. zu organisieren, ist zwar einerseits viel Arbeit, bietet andererseits aber auch maximale Einkommensmöglichkeiten, da Sie von Ihren Einnahmen über Buchverkäufe nichts an Drittanbieter und Dienstleister abgeben müssen. Volle Kontrolle, maximaler Gewinn?

Nicht notwendigerweise, oder zumindest nicht am Anfang, denn bei diesem Weg sind eine Verlagsgründung und damit eine Gewerbeanmeldung unabdingbar. Also werden einmalige Kosten für einen Gewerbeschein, etwa 15 bis 60 Euro, bzw. laufende Kosten für Einträge im VLB, mindestens 69 Euro pro Jahr, fällig – plus mindestens 70 Euro für Ihre eigenen ISBN (siehe dazu den Abschnitt **Die ISBN** weiter unten), die Sie für jedes Ihrer im Buchhandel bestellbaren Buchformate benötigen.

Wenn Ihr Druckdienstleister außerdem weder Lagerung noch Versand Ihrer Bücher übernimmt, müssen Sie sich selbst darum kümmern und die entsprechenden Kosten auf sich nehmen, ganz zu schweigen vom Aufwand für Verpacken, Versenden und Rechnungsstellung.

Ja, da müssen Sie Ihren Geldbeutel erst einmal weit aufmachen, aber sehen Sie diese Ausgaben als anfängliche Investitionskosten in Ihr zukünftiges Schreibimperium. Ein weiterer Trost: Da Ihre Tantiemen für Bücherverkäufe als Indie-Autor höher ausfallen als beim Selfpublishing über Distributoren, können Sie diese zusätzlichen Kosten auch schneller wieder reinholen.

Aufgabe: Vergleichen Sie die Angebote der Distributoren und überlegen Sie, ob und, wenn ja, welcher für Sie für eine Veröffentlichung in Frage kommt!

EXKLUSIV ODER BREIT?

Die große Frage für Selfpublisher ist immer, ob sie exklusiv bei Amazon oder lieber breitgestreut bei allen Online-Händlern veröffentlichen sollen.

Vorteile der Amazon-Exklusivität

- Möglichkeit zur Teilnahme an KDP Select, wodurch Sie Ihre Bücher innerhalb des Kindle-Unlimited (KU)-Abonnements Millionen von Lesern anbieten können.
- Abonnenten sind durch den monatlichen Pauschalpreis eher bereit, auch unbekannte Autoren auszuprobieren
- Amazon unterstützt Sie durch zahlreiche Werbemaßnahmen und Marketingangebote, um Ihre Bücher für Abonnenten sichtbar zu machen.

- Einnahmen durch reguläre Verkäufe und gelesene Seiten aus KU
- Jede Leihe wirkt sich positiv auf den Rang in den Verkaufslisten aus.
- Änderungen an Büchern, Preisaktionen etc. müssen nur auf einer Plattform vorgenommen werden.

Vorteile, auf allen Plattformen zu verkaufen

- keine Abhängigkeit von einer einzigen Plattform. Jeder Unternehmer weiß, wie risikoreich es ist, nur einen Kunden zu haben. Was ist beispielsweise, wenn Amazon die Margen senkt, die Sichtbarkeit Ihrer Bücher durch noch prominentere Platzierung von noch mehr Anzeigen verringert oder gar Ihre Bücher bzw. Ihr ganzes Konto aus unerklärlichen Gründen sperrt?
- Möglichkeit, ein größeres Publikum zu erreichen. Nicht überall auf der Welt gibt es länderspezifische Amazon-Ableger, und in Ländern wie Deutschland und Kanada gibt es bei E-Books dank Tolino und Kobo starke Konkurrenz für den Kindle-Reader.
- Möglichkeit, andere Leihprogramme für E-Books zu nutzen, wie etwa die Onleihe der Bibliotheken, den internationalen Anbieter Scribd (über einen Verlag bzw. Selfpublishing-Distributor wie BoD oder Draft2Digital) oder auch kleinere Dienste speziell für den

deutschsprachigen Markt wie etwa Skoobe oder Tolino Select mit seiner handverlesenen monatlichen Bücherauswahl.

- Nicht-exklusiv bedeutet nicht notwendigerweise weniger Einnahmen. In manchen Genres, teilweise sogar bei bestimmten Büchern innerhalb desselben Genres, schlägt sich die Mitgliedschaft in Kindle Select nicht wirklich in den Verkaufszahlen nieder. Gerade Bücher, die nicht unbedingt in den Vielleser-Genres wie Romance oder Krimi erscheinen, können auch breit aufgestellt sehr erfolgreich sein.

Wägen Sie selbst die Vor- und Nachteile der Exklusivität je nach Zielgruppe, Buchformat (E-Book, Taschenbuch, Hardcover, Audiobuch), Verkaufschancen und langfristiger Planung ab. Schauen Sie sich die Bestsellerlisten in Ihrem Genre an und überprüfen Sie, ob viele davon auf Kindle Unlimited erhältlich sind oder ob es sich um überall erhältliche Bücher handelt.

Natürlich sind Sie an Ihre Entscheidung nicht lebenslang gebunden, sondern können auch zweigleisig fahren: Einen Teil Ihrer Bücher bieten Sie exklusiv auf Amazon und den anderen Teil auf allen Plattformen an. Beispielsweise stellen manche Autoren neue Bücher zunächst drei Monate, also für einen Kindle-Select-Zeitraum, nur bei Amazon ein und verteilen sie danach auf die anderen Plattformen, andere Autoren veröffentlichen bis auf ausgewählte Bücher oder einzelne Reihen, die nur bei Amazon erhältlich sind, durchgehend auf allen Bücherportalen. Achten Sie aber darauf, dass Sie nicht ständig in Kindle Select hinein und hinaus wechseln! Das verwirrt und verärgert langfristig Ihre Leser, da sie nie wissen, wo Ihre Bücher verfügbar sind.

Wenn Sie sich nicht sicher sind, welcher Weg für Sie am besten ist, dann testen Sie! Probieren Sie beide Wege über einen längeren Zeitraum aus und schauen Sie, wo sich Ihre Bücher besser verkaufen.

Achtung: Für Tolino-Plattformen braucht man aufgrund der vielfältigen Struktur einen längeren Atem. Hier sollten Sie eher einen Testraum von einem Jahr als nur ein paar Monate ansetzen.

Sollten Sie noch an Ihrem Debüt arbeiten, ist es anfangs am einfachsten, sich auf Amazon zu beschränken und das Buch dort exklusiv einzustellen. Falls Sie bereits mehrere Bücher veröffentlicht haben und diese entweder nicht den gewünschten Erfolg auf Amazon bringen oder Sie nicht nur von Amazon abhängig sein wollen – oder Sie von vornherein ausschließen, sich exklusiv an Amazon zu binden –, dann veröffentlichen Sie unbedingt auch auf den anderen Plattformen und nutzen Sie die derzeit noch kostenlosen Marketing-Aktionen, die das Tolino-Team Autoren anbietet!

Aufgabe: Überlegen Sie, ob Sie alle oder nur einen exklusiven Leserkreis beglücken wollen!

DAS IMPRESSUM

Wenn Sie sich entschieden haben, selbst zu veröffentlichen, dann stellt sich spätestens beim Erstellen des E-Books die Frage danach, was Sie ins verpflichtende Impressum hineinschreiben. Bei Verlagsautoren oder Autoren, die eine Agentur haben, stehen dort Name und Adresse des Verlags bzw. der Agentur. Dienstleister wie BoD oder Tredition treten als Verlag auf und müssen daher nach deren Vorgaben im Impressum genannt werden. Doch was machen Sie bei Dienstleistern, die dies nicht tun? In diesem Fall müssten eigentlich dort jene Angaben stehen, mit der Sie normalerweise (insbesondere für gerichtliche Schreiben) zu erreichen sind, also im Regelfall Ihr Name und Ihre Privatadresse.

Achtung: Die Angaben schwanken von Bundesland zu Bundesland. Suchen Sie im Internet nach „Pressegesetz“ und Ihrem Bundesland, um die genauen Vorschriften zu finden.

Haben Sie beim Wort „Privatadresse" geschluckt? Verständlich, es ist nicht jedermanns Sache, solche vertraulichen Angaben in eine Veröffentlichung zu schreiben und anschließend im Internet für jedermann einsehbar zu verbreiten. Da Sie diese Problematik auch bei Ihrer Website (siehe weiter oben im Abschnitt **Autoren-Website**) und bei Ihren Profilen in Sozialen Netzwerken haben werden – es sei denn, Sie sind dort nur rein privat unterwegs –, überlegen Sie Folgendes, um den ersten Schock ein wenig zu lindern:

- Wie viele Bücher werden Sie tatsächlich verkaufen?
- Welcher Leser, der in die Leseprobe hineinschaut oder Ihr Buch kauft, wird tatsächlich auch das Impressum anschauen?
- Wie groß ist die Wahrscheinlichkeit, dass jemand tatsächlich bei Ihnen vor der Haustür erscheint, noch dazu aus üblen Beweggründen?

Natürlich gibt es trotzdem Gründe, warum Sie Ihren Namen und Ihre Privatadresse nicht im Impressum stehen haben wollen, etwa weil Sie unter geschlossenem Pseudonym schreiben, wegen des Genres, in dem Sie schreiben (Erotik oder Horror aus der Feder einer Kindergartenfachkraft?), aus Rücksicht auf Ihre Privatsphäre und die Ihrer Familie, wegen Zugehörigkeit zu einer Minderheit, etc. Dann überlegen Sie Folgendes, um das Problem des Impressums zu lösen:

1. Kennen Sie Firmeninhaber oder Leute mit einer öffentlichen Geschäftsadresse, die Ihnen die Nutzung ihrer Namens- und Adressdaten mit einem entsprechenden Vermerk – beispielsweise „z. Hd. von *Ihr Name*“ – für Ihr Impressum gestatten?
2. Gründen Sie Ihren eigenen Verlag mit einer Geschäftsadresse, die Sie im Impressum angeben. **Achtung:** Einen Verlag müssen Sie als Gewerbe anmelden (siehe Abschnitt **Gewerbeanmeldung** weiter unten)!
3. Nutzen Sie einen Impressumsservice! Diese sind nicht kostenlos, aber je nachdem, für wie viele Bücher (Print und E-Book) und Internetseiten Sie ein Impressum brauchen und welchen Dienstleister Sie auswählen, sind die Kosten aufs Jahr gesehen überschaubar. Autor Andreas Hagemann, selbst Opfer eines betrügerischen Impressumsdienstleisters, hat auf www.andreashagemann.com/impressum-service/ Details zu über einem Dutzend seriöser Anbieter zusammengestellt.

Aufgabe: Überlegen Sie, ob Sie sich einen Impressumsdienst zum Schutz Ihrer Privatsphäre leisten können und wollen! Diese Entscheidung sollten Sie möglichst treffen, bevor Sie Bücher veröffentlichen, idealerweise sogar bevor Sie überhaupt eine Präsenz im Internet

anlegen, denn auch dort müssen Sie bei gewerblich genutzten Seiten und Profilen immer ein Impressum angeben.

DIE ISBN

Ohne ISBN kann ein Buch nicht im Verzeichnis Lieferbarer Bücher (VLB) gelistet und damit nicht im Buchhandel bestellt werden. Arbeiten Sie mit einem Verlag oder Distributor, stellt dieser Ihnen normalerweise eine ISBN zur Verfügung. Ganz ohne ISBNs kommen Sie aus, wenn Sie ausschließlich direkt, etwa über einen Shop auf Ihrer Website, an Ihr Publikum verkaufen.

Im Normalfall sollte man Ihr Buch jedoch über den Buchhandel erhalten können. Als Selfpublisher können Sie die dafür notwendigen ISBNs auch selbst kaufen und verwenden. Dabei gilt: eine ISBN pro Buchformat. Für E-Book, Hörbuch, Taschenbuch und gebundene Ausgabe brauchen Sie also vier verschiedene ISBNs.

Für Deutschland erhalten Sie ISBNs bei der deutschen ISBN-Agentur in Frankfurt am Main (german-isbn.de). Eine einzelne ISBN kostet derzeit 70 Euro plus

MwSt. (Stand Juli 2025). In größeren Stückpaketen verringert sich der Preis pro ISBN. Wenn Sie also jetzt schon wissen, dass Sie mehrere oder regelmäßig Bücher veröffentlichen werden, kaufen Sie gleich ein ganzes Paket. ISBNs sind unbegrenzt gültig.

Eigene ISBN – ja oder nein?

Als Indie-Autor kommen Sie um eigene ISBN nicht herum, aber vielleicht fragen Sie sich jetzt, warum Sie ISBNs kaufen sollten, wenn Sie keinen eigenen Verlag haben, sondern über einen Distributor veröffentlichen, der Ihnen automatisch eine ISBN für Ihr Buch zuteilt.

Was spricht dagegen?

Wenn Sie Kosten sparen wollen, nehmen Sie die ISBN, die Ihr Selfpublishing-Dienstleister Ihnen anbietet. Selbst bei dem Preis, den beispielsweise Tolino dafür nimmt, derzeit knapp 19 Euro (Stand Juli 2025), müssen Sie bei der deutschen ISBN-Agentur schon das Hunderterpaket kaufen, um pro ISBN unter dem BoD-Preis zu liegen. Aber dafür müssen Sie halt erst einmal 99 andere ISBNs mitbezahlen, was Sie 300 Euro plus MwSt. (Stand Juli 2025) kostet.

Ein weiteres Argument gegen eine eigene ISBN ist, dass Sie diese nicht bei allen Selfpublishing-Dienstleistern verwenden können, sondern zwingend die ISBN des Anbieters nehmen müssen. Alle größeren Anbieter erlauben Ihnen dies normalerweise.

Was spricht dafür?

Wenn Ihnen die anfänglichen Kosten für ein ISBN-Paket nicht zu teuer sind und Sie Wert darauf legen, dass in der ISBN Sie und nicht Ihr Dienstleister als Herausgeber Ihres Buches gelistet sind, dann kaufen Sie sich einen Stapel ISBNs, insbesondere wenn Sie noch viele weitere Bücher in allerlei Formaten herausbringen wollen.

Einen weiteren Vorteil haben eigene ISBNs, wenn Sie mit Ihrem Selfpublishing-Anbieter nicht mehr zufrieden sind und zu einem anderen wechseln wollen. Stammt die ISBN von Ihrem alten Anbieter, gehen Ihnen möglicherweise sämtliche Bewertungen und vor allem Rezensionen in den Online-Shops verloren, denn beim neuen Anbieter erhält Ihr Buch auch eine neue ISBN und sieht damit wie eine Neuerscheinung aus. Hier kann es notwendig sein, beim zuständigen Kundendienst nachzuhaken.

Also was denn nun?

Am Anfang sollten Sie alles so einfach wie möglich halten, egal ob Veröffentlichung oder Marketing, um Zeit- und Kostenaufwand so niedrig wie möglich zu halten. Dasselbe gilt auch für ISBNs. Nehmen Sie, was Ihr Selfpublishing-Dienstleister Ihnen anbietet, um erst einmal zu starten. Bei einer etwaigen Neuauflage Ihrer Bücher nach einigen Jahren können Sie immer noch auf eigene ISBNs umstellen, wenn das entsprechend bearbeitete Buch aufgrund tiefgreifender Änderungen bei Titel,

Untertitel, Cover und/oder Inhalt ohnehin eine neue ISBN haben müsste.

Aufgabe: Entscheiden Sie, ob sich zum jetzigen Zeitpunkt eigene ISBNs lohnen würden. Wägen Sie Kosten und Nutzen ab!

ERSTELLEN UND HOCHLADEN IHRES BUCHES

Ihr Text wurde auf Herz und Nieren geprüft, Cover und Klappentext stehen bereit, Sie wissen, wo Sie Ihr Buch veröffentlichen wollen – jetzt wird es ernst, denn nun müssen Sie Ihren Text in ein Format bringen, in dem er später in den Buchläden erscheinen wird: die Druckvorlage und/oder das E-Book.

Erstellen Ihrer Druckvorlage

Was brauchen Sie dazu?

- den finalen Text
- Impressumsangaben: ladungsfähige Adresse bzw. Verlag (verpflichtend – siehe Abschnitt **Das Impressum**), Urheberrechts- und Lizenzangaben zu verwendetem Bildmaterial (verpflichtend, aber nicht notwendigerweise

(nur) im Impressum anzugeben, je nach Art der Lizenz), optional: ISBN (siehe Abschnitt **Die ISBN**) sowie freiwillige, aber gern gesehene Angaben zu Coverdesign, Lektorat, Buchsatz etc.

- Material für den Buchanfang bzw. für den Anhang:

  Karten
  Personen- und Ortsverzeichnis
  Glossar
  Danksagung mit Aufforderung zu einer Bewertung oder Rezension
  Autorenvita mit Hinweis auf Ihre Website, den Newsletter und gegebenenfalls das Gratisgeschenk für Abonnenten (siehe dazu das Kapitel **Buchmarketing**); eventuell Links zu Ihren Profilen in den Sozialen Medien
  Liste mit weiteren Büchern, soweit vorhanden

- eine Vorlage, etwa von Ihrem Distributor, oder aber ein Programm wie Vellum bzw. eine Fachkraft für den Buchsatz

Insbesondere die Aufforderung zu einer Bewertung, die Hinweise unter Ihrer Autorenvita und die Liste anderer Bücher sind nicht verpflichtend, helfen aber mit jedem verkauften Exemplar ein kleines Stück beim kontinuierlichen und automatischen Autoren- und Buchmarketing.

Tipp: Auf Amazon können und sollten Sie Ihre Bücher im Anhang jedes E-Books untereinander verlinken, etwa zum nächsten Teil einer Serie oder zu ihrem nächsten oder passenden Einzelband. Auf Tolino ist das aufgrund der vielfältigen Händlerplattformen weder erlaubt noch erwünscht.

All diese Einzelteile werden nun entweder von Ihnen selbst oder Ihrem Buchsatzspezialisten zu einer Datei zusammengebaut, die Sie anschließend fürs Hochladen auf Ihre Veröffentlichungsplattform benötigen.

Wie erfolgt der Buchsatz?

Selfpublishing-Dienstleister wie Books on Demand bieten Ihnen für den Buchsatz **Word-Vorlagen** an, mit denen Sie Ihren Text in das geforderte Format bringen können. Optimal ist das jedoch nicht, da Word nun mal nicht zum Erstellen von Druckvorlagen für Bücher gedacht ist. Buchsatzprofis steigen wahrscheinlich allein bei dem Gedanken daran Tränen in die Augen.

Sie haben Ihren Text poliert, so gut es ging, also stellen Sie gleichermaßen sicher, dass Ihr Buch nicht nur inhaltlich, sondern auch optisch beeindruckt oder zumindest angenehm zu betrachten ist! Dazu müssen Sie gar nicht auf die Top 3 der spezialisierten **Layout-Programme**

– Adobe InDesign, Affinity Publisher und QuarkXPress – zurückgreifen, sondern können auf günstigere und leichter zu bedienende Software-Helfer zurückgreifen. Bekannt sind vor allem die kostenlosen Programme Sigil, Scribus und das deutschsprachige SPBuchsatz (schreib blogg.de/spbuchsatz) sowie die kostenpflichtigen Programme Jutoh und, meine persönliche Wahl, Vellum (vellum.pub).

Wenn Sie Ihrem Buch vor allem in gedruckter Form wirklich etwas gönnen oder es besonders aufwändig gestalten wollen – und Sie das notwendige Geld haben –, dann leisten Sie sich einen Buchsatzprofi. Fragen Sie im Bekanntenkreis nach Empfehlungen oder suchen Sie auf www.autorenwelt.de unter dem Menüpunkt *Literaturbetrieb – Menschen* nach einer entsprechend spezialisierten Person.

Hochladen Ihres Buches auf den Online-Plattformen

Dafür brauchen Sie:

- den fertig gesetzten Text (Druckvorlage), Cover und Klappentext, eventuell eine Kurzvita, wenn diese nicht aus Ihrem Profil übernommen wird
- für E-Books bei Tolino: Berechnung der Seitenzahl: Zeichenzahl des gesamten Textes inklusive Leerzeichen geteilt durch 2200 (!)
- bei gedruckten Büchern: Seitenzahl, Größe und Ausstattung (farbige Seiten, Papierart, Einband, etc.), Verkaufspreis

- Metadaten (Autorenname, Titel, Untertitel, Details zu Reihenbänden, Stichwörter, Kategorien, Schlagwörter)

Tipp: Richten Sie sich beim Verkaufspreis danach, wie viel gängige Bücher in Ihrem Genre kosten, wenn möglich von Selfpublishern, die in der gleichen Liga wie Sie spielen. Das Verlagsbuch eines Bestseller-Autors sollte einem Neuling beim ersten Buch nicht als Orientierung dienen! Im Beitrag „Online-Rechner: Was soll mein E-Book kosten?“ bietet Matthias Matting auf www.selfpublisherbibel.de einen Rechner an, der Ihnen je nach Länge, Genre und Ausstattung einen Preis für Ihr E-Book empfiehlt.

Laden Sie nun Cover und Klappentext in die entsprechenden Felder bei Ihrem Selfpublishing-Dienstleister, ergänzen Sie alle weiteren Angaben und drücken Sie auf „Veröffentlichen“. Ihr Dienstleister prüft nun Ihre Eingaben und wird Ihnen etwaige Probleme per E-Mail anzeigen. Wenn alles in Ordnung ist, erhalten Sie eine Bestätigung, dass Ihr Buch nun online ist und zum Verkauf steht. Herzlichen Glückwunsch! Sie können jetzt feiern gehen.

ABSCHLUSSAUFGABE

Wägen Sie ab, welcher Veröffentlichungsweg Ihnen am meisten zusagt und gehen Sie ihn! Sie können auch je nach Bedarf wechseln bzw. beide Schienen gleichzeitig fahren. Bereiten Sie anschließend Ihr Manuskript und dessen Begleittexte für eine Veröffentlichung vor und zeigen Sie der Welt Ihr Werk!

TEIL IV

RECHTLICHES UND VERWALTUNG

EINLEITUNG

Das Buch ist veröffentlicht, die Verkaufszahlen steigen – was jetzt? Wenn Sie an dieser Stelle des Arbeitsbuches angekommen sind, haben Sie ein gewaltiges Stück Arbeit geleistet. Sie haben einen Roman komplett zu Ende geschrieben, mithilfe von Testlesern überarbeitet, sich für eine Veröffentlichungsart entschieden, Ihr Manuskript mit all seinen Begleittexten in die Welt hinausgeschickt, erfolgreich als E-Book und gegebenenfalls als gedrucktes Exemplar herausgebracht, die Vermarktung Ihres Buches offline und online in Angriff genommen.

Glückwunsch! Sie gehören jetzt zur Gruppe der veröffentlichten und Geld verdienenden Schreibenden – und sind damit einkommenssteuer- und versicherungspflichtig. Spätestens jetzt müssen Sie über den offiziellen, formalen Rahmen Ihres Schreibens nachdenken, denn wenn Sie durch Buchverkäufe Einkommen erzielen, interessieren sich plötzlich viele öffentliche Institutionen für

Sie, vor allem das Finanzamt, das Gewerbeamt, die Krankenkasse, die Rentenversicherung und die Sozialversicherung. Aber keine Panik! Der Verwaltungsaufwand hält sich in Grenzen. Jetzt gibt es für Sie folgende Angelegenheiten zu klären bzw. zu erledigen.

Haftungsausschluss: Die folgenden Angaben sind keine Rechts-, Steuer- oder Finanzberatung. Sie sollen Ihnen lediglich einen Überblick über gesetzliche Vorschriften und Notwendigkeiten geben und es Ihnen ermöglichen, die anfänglichen Verwaltungshürden zu nehmen, bis genügend Geld fließt, um diese Arbeiten an Fachleute auszulagern.

MELDUNG DER FREIBERUFLICHEN TÄTIGKEIT/DES VERLAGS

Wenn Sie ein Buch veröffentlichen, um damit Einnahmen zu erzielen, möchte das Finanzamt über ihre Schreibtätigkeit Bescheid wissen. Dazu füllen Sie den „Fragebogen zur steuerlichen Erfassung“ für freiberufliche Autoren aus. Diesen können Sie auf der Formularseite des Bundesfinanzministeriums www.formulare-bfinv.de unter dem Menüpunkt *Formularcenter – Steuerformulare – Fragebögen zur steuerlichen Erfassung* ausfüllen und ausdrucken. Sie finden ihn direkt als ersten in der Liste (*001 – Fragebogen zur steuerlichen Erfassung / Aufnahme einer gewerblichen, selbständigen (freiberuflichen) oder land- und forstwirtschaftlichen Tätigkeit*).

Falls Sie auf dem Steuerportal www.elster.de registriert sind, können Sie den Fragebogen auch dort unter *Formulare & Leistungen – Alle Formulare – Fragebogen zur steuerlichen Erfassung – Fragebogen zur steuerlichen Erfas-*

sung für Einzelunternehmen bearbeiten und direkt elektronisch an das Finanzamt schicken.

GEWERBEANMELDUNG

Diese ist immer notwendig, wenn Sie direkt verkaufen, beispielsweise über einen Shop auf Ihrer Website, wenn Sie als Indie-Autor einen Verlag gründen oder wenn Sie durch anderes als Ihre Bücher, etwa den Verkauf von Werbematerialien wie bedruckte Tassen, Geld verdienen.

Auf www.gewerbeanmeldung.de finden Sie ausführliche Informationen zum Thema sowie ein Anmeldeformular zum Herunterladen. Wenn Sie freiberuflich arbeiten, kann unter bestimmten Voraussetzungen (Stichwort Kleingewerbe) die Pflicht zur Anmeldung eines Gewerbes entfallen. Fragen Sie im Zweifelsfall Ihr Finanzamt.

In manchen Großstädten können Sie Ihr Gewerbe online anmelden. Normalerweise erscheinen Sie dazu aber persönlich beim zuständigen Gewerbeamt, das je nach Stadt auch im Bürgerbüro oder Landratsamt zu finden sein kann. Die Kosten für einen Gewerbeschein hängen von Ihrem Wohnort ab und liegen in der Regel zwischen 10 und 60 Euro.

Gründen Sie einen eigenen Verlag nicht als Einzelunternehmen, also ohne weitere Gründungsmitglieder, oder als GbR (Gesellschaft bürgerlichen Rechts) mit einem oder mehreren Partnern benötigen Sie neben der Gewerbeanmeldung zusätzlich einen kostenpflichtigen Eintrag im Handelsregister. Das Finanzamt sendet Ihnen dann die notwendigen Unterlagen zu. Auch die zuständige IHK wird sich bei Ihnen melden, um Sie als Mitglied aufzunehmen.

ÜBERLEGUNGEN ZUR UMSATZSTEUER

Bei der Anmeldung Ihrer Selbständigkeit beim Finanzamt bzw. beim Gewerbeamt müssen Sie sich entscheiden, ob Sie als Kleinunternehmer agieren oder Umsatzsteuer zahlen möchten.

Achtung: Die Entscheidung fürs Kleinunternehmertum ist fünf Jahre bindend und kann in diesem Zeitraum nicht geändert werden.

Was spielt das für eine Rolle? Wenn Ihr jährlicher Umsatz – nicht Gewinn! – im vorigen Jahr weniger als 25.000 Euro bzw. im laufenden Jahr nicht mehr als 100.000 Euro (beides Stand Juli 2025) beträgt, können Sie sich als Kleinunternehmer registrieren und müssen sich nicht um Umsatzsteuervoranmeldung und monatliche oder vierteljährliche Steuerzahlungen kümmern. Das erleichtert die Bürokratie, hat aber andererseits den Nachteil, dass Sie bei Käufen keine Vorsteuer abziehen dürfen. Als Kleinunternehmer bezahlen Sie wie private

Endkunden für alles, was Sie kaufen, den vollen Preis und dürfen auch keine Mehrwertsteuer aufschlagen bzw. ausweisen, wenn Sie selbst etwas verkaufen.

Wenn Sie beispielsweise kurz davor sind, sich einen neuen Rechner anzuschaffen oder eine teure Fortbildung zu belegen, könnten Sie durch den Verzicht auf die Kleinunternehmerregelung die Mehrwertsteuer vom Kaufpreis abziehen und nur den Nettopreis zahlen. Bei Ihren eigenen Produkten, etwa einem Schreibkurs, den Sie anbieten, käme zum eigentlichen Preis noch die Mehrwertsteuer hinzu. So verdienen Sie mit demselben Produkt mehr, wenn auch nur vorübergehend, denn am Ende des Jahres müssen Sie die von Ihnen erhobene Mehrwertsteuer ans Finanzamt abführen.

Auf www.kleinunternehmer.de sind unter dem Menüpunkt *Kleinunternehmerregelung* deren Vor- und Nachteile noch einmal genauer erläutert. Wenn Sie unsicher sind, sprechen Sie mit einem Steuerberater!

KRANKENVERSICHERUNG

Ob sich für Sie etwas ändert, hängt davon ab, wie Sie krankenversichert sind: gesetzlich oder privat, selbst oder über eine Familienversicherung.

Gesetzlich selbst Versicherte sollten mit ihrer Krankenkasse Rücksprache halten, bleiben normalerweise aber unverändert weiter versichert, solange ihre freiberufliche Nebentätigkeit von der Krankenkasse nicht als hauptberuflich eingestuft wird. Das kann passieren, wenn Sie mehr als 20 h wöchentlich dafür benötigen, eine Arbeitskraft anstellen oder ihr freiberufliches Einkommen den Großteil Ihrer monatlichen Einkünfte ausmacht. In diesem Fall müssen Sie sich freiwillig gesetzlich oder privat versichern.

Achtung: Aus einer privaten Versicherung wieder zurückzuwechseln, hat seine Tücken!

Sind Sie über eine **Familienversicherung** krankenversichert, dürfen Sie mit Ihrer nebenberuflichen oder geringfügigen Selbständigkeit ein regelmäßiges (!) monatliches Einkommen bis zu 535 Euro (Stand Juli 2025) erzielen.

Achtung: Zu dem obigen Einkommen zählen neben dem Gewinn aus Ihrer Autorentätigkeit außerdem Einkünfte aus einer anderen Arbeitsstelle, Vermietungen oder Kapitalerträgen. Prüfen Sie daher aufmerksam, ob Sie die maximale Einkommensgrenze für die Familienversicherung tatsächlich einhalten!

Wenn Sie insgesamt und kontinuierlich mehr verdienen oder aus welchen Gründen auch immer die Familienversicherung verlassen wollen, können Sie sich freiwillig selbst versichern. Fragen Sie bei Ihrer bisherigen Krankenkasse nach oder suchen Sie im Internet nach „Gesetzliche Krankenversicherung Selbständige".

Alternative für Freiberufler: die Künstlersozialkasse (KSK)

Selbständige Künstler und Publizisten haben die Möglichkeit, sich über die Künstlersozialkasse versichern zu lassen, die wie ein Arbeitgeber für Angestellte und Arbeiter die Hälfte der Kosten für eine frei wählbare Krankenversicherung sowie für die gesetzliche Renten- und Pflegeversicherung übernimmt.

Voraussetzung dafür ist, dass Sie jährlich mindestens 3.900 Euro netto (Stand Juli 2025) verdienen, was 325 Euro monatlich entspricht und damit weit unter der Maximalgrenze für die Familienversicherung liegt. Rechnen Sie hier unbedingt nach, ob Sie diese Voraussetzung erfüllen! Als familienversichertes Mitglied mit geringem Einkommen zahlen Sie nichts in die Renten- und Pflegeversicherung ein; als Mitglied der KSK schon – Ihr Rentenkonto wird es Ihnen danken.

Achtung: Die Mitgliedschaft in der KSK bringt für Freiberufliche viele Vorteile, allerdings haben Sie damit auch zusätzliche Ausgaben durch die monatlichen Beiträge zur KSK, die Ihr anfangs ohnehin schmales Einkommen automatisch mindern. Achten Sie also darauf, dass Sie durch die Mitgliedschaft finanziell nicht schlechter dastehen als ohne. Warten Sie zur Not noch einige Zeit, bis Ihre Einkünfte steigen oder stabil bleiben.

Voraussetzungen, Leistungen und das Antragsformular finden Sie auf www.kuenstlersozialkasse.de.

WAHRNEHMUNGSVERTRAG

Um an der jährlichen Ausschüttung aus der Nutzung Ihres Buches durch andere, etwa bei Ausleihen in Bibliotheken, Vervielfältigung in Schulen oder auch Verfilmung bzw. Vertonung für Rundfunk und Fernsehen, teilnehmen zu können, müssen Sie als Selfpublisher oder Indie-Autor mit eigenem Verlag den Wahrnehmungsvertrag mit der Verwertungsgesellschaft Wort (VG Wort) unter www.vgwort.de/teilnahme abschließen. Registrieren Sie sich dann im Online-Meldeportal der VG Wort (tom.vgwort.de) und melden Sie Ihr Buch möglichst bald nach dem Erscheinen unter *Bibliothekstantieme – Titelanzeige.* Dadurch können Urheberrechtsabgaben für die Verwendung von Texten und Ausschnitten aus den Büchern eingenommen und an die Urheber ausgeschüttet werden.

PFLICHTEXEMPLARE

In Deutschland müssen Sie von jeder Veröffentlichung Pflichtexemplare an die Deutsche Nationalbibliothek (DNB) und die Landesbibliothek Ihres Bundeslandes schicken.

Wenn Sie in einem klassischen Verlag veröffentlichen, brauchen Sie sich darum nicht zu kümmern.

Auch Dienstleister wie Books on Demand, tredition oder Tolino übernehmen die Meldung und Pflichtablieferung zumindest für E-Books. Bei Tolino müssen Sie dafür allerdings die Option „Pflichtexemplar an die DNB übermitteln“ im Reiter *Vertriebskanäle* explizit ankreuzen.

Ihre Landesbibliothek müssen Sie beim Veröffentlichen durch Tolino und tredition sowohl für E-Books als auch gedruckte Bücher selbst beliefern. BoD bietet in dieser Hinsicht das beste Rundumpaket und übernimmt den Versand von E-Books und Print-Ausgaben an die DNB und die Landesbibliothek.

TITELMELDUNG

Falls Sie Ihre Bücher im Eigenverlag, also als Indie-Autor ohne klassischen Verlag und Selfpublishing-Dienstleister, veröffentlichen und diese nicht nur auf Ihrer Website sondern auch über den Buchhandel zu bestellen sein sollen, müssen die Bücher im Verzeichnis lieferbarer Bücher (VLB) gelistet sein. Registrieren Sie dafür Ihren Verlag auf vlb.de und melden Sie Ihre gedruckten und digitalen Werke unter vlb.de/leistungen/titelmeldung.

Achtung: Die Titelmeldung ist kostenpflichtig und beträgt mindestens 69 Euro Jahresgebühr für bis zu 16 Titel (Stand Juli 2025). Je besser und vollständiger Ihre Angaben zu den Büchern sind, umso geringer ist der Preis, den Sie ab der Mindestgebühr pro Titel zahlen.

EINKOMMEN VERSTEUERN

Ihren Verdienst aus Buchverkäufen müssen Sie nach Ende des Jahres in der Einkommenssteuererklärung in der Anlage S für selbständige Einkünfte angeben. Wer im Selfpublishing veröffentlicht, muss getrennt von den freiberuflichen Einnahmen eventuell noch Anlage G für gewerbliche Einkünfte eintragen, etwa ab einer bestimmten Höhe von Einkommen aus Affiliate Links, d. h. Werbelinks, über die Sie eine Provision erhalten, oder aus eigenhändig, d. h. nicht über einen Verlag oder einen Online-Händler, verkauften Büchern. Sprechen Sie im Zweifelsfall mit Ihrem Steuerberater, dem zuständigen Gewerbeamt oder Finanzamt.

Tipp: Kia Kahawa, ausgebildete Steuerfachangestellte, bietet auf www.kiakahawa.de/blog/autorenan-die-steuer einen guten Überblick über steuerliche Fragen für Autoren.

Buchhaltung für Autoren

Woher wissen Sie überhaupt, wie viel Sie verdient haben bzw. was Sie an Ausgaben hatten? Idealerweise haben Sie sich zu Beginn Ihrer Freiberuflichkeit ein von Ihrem regulären Bankkonto separates **Geschäftskonto** zugelegt, das Sie für sämtliche Einnahmen und Ausgaben nutzen, die aus Ihrer Schreibtätigkeit entstehen. Das muss nicht sein, vereinfacht die Verwaltung der zugehörigen Zu- und Abflüsse aber um ein Vielfaches und lässt sich, wenn man seine Finanztools entsprechend vorausschauend wählt, auch ganz wunderbar für eine schnelle Steuererklärung einsetzen.

Neben einem eigenen Geschäftskonto hilft Ihnen dabei auch eine gute und einfache **Buchhaltungssoftware**, die Ihre Kontobewegungen von selbst aufsummiert und Ihnen die notwendigen Zahlen für die Steuererklärung zur Verfügung stellt. Wenn Sie noch nach einem passenden Programm suchen, schauen Sie in den Vergleich auf www.gruender.de/buchhaltung/buchhaltungssoftware-vergleich/.

Und keine Angst: Mitglieder der freien Berufe müssen unterhalb von 600.000 Euro Jahresumsatz bzw. 60.000 Euro Gewinn (Stand Juli 2025) keine Bilanz mit doppelter Buchführung erstellen, sondern nur eine einfache **Einnahmen-Überschuss-Rechnung (EÜR)** anfertigen.

Das bedeutet nichts anderes, als dass Sie Ihre Ausgaben von Ihren Einnahmen abziehen.

Eine Anleitung zum Ausfüllen eines solchen Formulars finden Sie auf www.kiakahawa.de/euer-einnahme-ueberschuss-rechnung-als-autor.

Diese EÜR schicken Sie anschließend über elster.de oder Ihre Buchhaltungssoftware an das Finanzamt und tragen außerdem das Ergebnis in Anlage S Ihrer Einkommenssteuererklärung ein.

VERPACKUNGSLIZENZ

Wenn Sie Ihre Bücher selbst verschicken, auch im Fall von kostenlosen Leseexemplaren, benötigen Sie eine Verpackungslizenz, um für die Entsorgung der Verpackungen aufzukommen. Dazu müssen Sie sich beim Verpackungsregister LUCID (www.verpackungsregister.org) registrieren und einen Systembeteiligungsvertrag mit einem Systembetreiber – am bekanntesten ist wohl *Der Grüne Punkt* – abschließen. Eine Liste solcher Betreiber finden Sie beim Verpackungsregister unter dem Menüpunkt *Information & Orientierung – Hilfe & Erklärung – Übersicht Systembetreiber*.

Anschließend melden Sie einmal jährlich die Menge und Art Ihrer Verpackungsmaterialien bei Ihrem Systembetreiber und bei LUCID.

Wenn Sie nur kleine Mengen verschicken, kostet so eine Verpackungslizenz, beispielsweise bei Reclay GmbH, 10 Euro im Jahr.

Tipp: Schauen Sie beim Verpackungsregister nach, ob Händler, bei denen Sie Ware bestellen, im Register eingetragen sind, und nutzen Sie deren Versandkartons, um Ihre Bücher zu verschicken. Für bereits registrierte (= lizenzierte) Verpackungsmaterialien brauchen Sie nicht zusätzlich zu zahlen.

ABGABEPFLICHT FÜR FREIBERUFLICHE DIENSTLEISTUNGEN

Alle, die ein Buch ohne klassischen Verlag auf den Markt bringen, bezahlen im Regelfall für künstlerische und publizistische Dienstleistungen, die den Weg des Buches begleiten – etwa Coverdesign, Lektorat, Texten von Pressemitteilungen oder die musikalische Begleitung einer Lesung.

Ab einem ausgezahlten Betrag über 700 € pro Jahr, ab 2026 über 1.000 € pro Jahr (Stand Juli 2025) müssen Sie diesen bis März des Folgejahres über den Anmelde- und Erhebungsbogen auf www.kuenstlersozialkasse.de/unternehmen-und-verwerter an die Künstlersozialkasse melden. Diese stellt Ihnen dann einen bestimmten Prozentsatz, derzeit 5 % (Stand Juli 2025), des Nettowerts als Abgabe in Rechnung.

ABSCHLUSSAUFGABE

Überlegen Sie, ob Sie die Kleinunternehmerregelung in Anspruch nehmen sollten, und melden Sie sich beim Finanzamt, der VG Wort und der DNB an sowie gegebenenfalls beim Gewerbeamt und dem VLB! Klären Sie außerdem Ihre Krankenversicherung ab und vergessen Sie nicht, ab jetzt alle Belege über Ausgaben und Einnahmen für die Steuererklärung zu sammeln!

4-PUNKTE-CHECKLISTE FÜR IHRE WEBSITE

I. Grundgerüst
   A. System für Website gewählt (Baukasten/CMS/Designer)?
   B. Sicheres Passwort gewählt?
   C. Backup eingerichtet?
   D. Falls zutreffend: CMS, Themes, Plugins auf dem neuesten Stand?

II. Inhalte
   A. Design für Website ausgewählt?
   B. Menü- und Seitenstruktur erstellt?
   C. Impressum, Datenschutzerklärung und Cookie-Einwilligung vorhanden?

III. Rechtliches
   A. DSGVO-Check bestanden?
      1. *Impressum und Datenschutzerklärung vorhanden?*
      2. *AV-Verträge/DPA abgeschlossen?*
      3. *Verzeichnis von Verarbeitungstätigkeiten erstellt?*
      4. *Einwilligung in Datensammlung, etwa über Double Opt-in beim Newsletter, eingeholt?*
      5. *falls zutreffend: alle problematischen Plugins und Widgets beseitigt oder DSGVO-konform konfiguriert?*
   B. Rechte an fremden Texten und Medien überprüft?

IV. Newsletter
   A. DSGVO-kompatible Newsletter-Software ausgewählt?
      1. *Datenschutz nach deutschen Vorgaben?*
      2. *Double Opt-in festgelegt?*
      3. *AV-Vertrag abgeschlossen?*
      4. *Angaben in Datenschutzerklärung aufgenommen?*
   B. Opt-in-Formular erstellt?
      1. *nur E-Mail-Adresse als Pflichtangabe abgefragt?*
      2. *Informationen zu Inhalten, Frequenz, Newsletter-Tool, An- und Abmeldungsprozess, Auswertung und Datenschutz gegeben und Einwilligung des zukünftigen Abonnenten dazu eingeholt?*
      3. *Erhalt eines Freebie möglich ohne automatisches Abo des Newsletters?*

SCHLUSS

So, das war's! Ich hoffe, die vorigen Kapitel haben Ihnen geholfen, alle grundlegenden Schritte zu erledigen, um eine erfolgreiche Autorenlaufbahn zu beginnen.

Alle verlinkten und weitere Quellen finden Sie übrigens in einer handlichen und übersichtlichen Liste auf der Webseite zu diesem Buch auf www.birgitconstant.de.

Jetzt heißt es: schreiben und wachsen. Legen Sie los und viel Erfolg!

DANKSAGUNG

Vielen Dank, dass Sie mein Buch gelesen haben. Wenn es Ihnen gefallen hat, freue ich mich über eine Rezension. Auch wenn Sie nur ein oder zwei Sätze schreiben, ist Ihr Beitrag eine wichtige Rückmeldung für mich und alle, die Interesse an diesem Buch haben.

Gibt es Kritikpunkte oder vermissen Sie gewisse Aspekte, die ich noch beleuchten sollte? Dann schreiben Sie mir an schreiben@birgitconstant.de!

Alle Links sowie weitere Ressourcen finden Sie auf der Webseite zu diesem Buch:

www.birgitconstant.de/einfach-ein-buch-veroeffentlichen/

Zum Schluss noch ein ganz herzliches Dankeschön an meine superschnellen Testleserinnen, die das Buch unter die Lupe genommen haben: Mareile Raphael, Angela Marina, Juliane Drechsel und insbesondere Maria Lengemann, die mich mit ihrer sehr ausführlichen Kritik auf viele versteckte Problemstellen gestoßen hat, an denen der Text nun hoffentlich insgesamt präziser, umfassender, logischer und verständlicher geworden ist.

ÜBER DIE AUTORIN

Birgit Constant ist eine polyglotte Mediävistin, die wenig überraschend Sprachen und das Mittelalter liebt. Sie arbeitete lange international in Übersetzung, IT und PR, bevor sie in der Buchwelt landete.

Ihre historischen Romane für Sprachbegeisterte siedelt sie bevorzugt in England und Frankreich an. Besonders interessieren sie Hidden Histories, also versteckte Geschichte(n), mit wenig bekannten historischen Schauplätzen und Figuren oder ungewohnten Perspektiven auf bedeutende Ereignisse und Persönlichkeiten.

Birgit Constant ist Gründungsmitglied der *Sisters through Time*, ein Zusammenschluss von Autorinnen historischer Romane.

Auf **www.birgitconstant.de** können sich Interessierte für exklusives Lesematerial und Informationen über Aktionen, Bücher und Projekte zu ihrem monatlichen Newsletter ***Post Scriptum*** anmelden.

BÜCHER VON DR. BIRGIT CONSTANT

Die Northumbria-Trilogie

Die Vorgeschichte: *Der Weg des Schwertes*

Band 1: *Der Krieger des Königs*

Band 2: *Der zweite Sohn des Normannen*

Band 3: *Der Gesang des Gauklers*

Einzelbände

Der Werwolf von Machecoul

Marie ist mein Name

Einfach ein Buch veröffentlichen